Mindfulness

Construcción de Sociedades Conscientes

Alejandro A. Torres Retamal

DEDICATORIA

Durante la travesía de dar vida a este libro, "Mindfulness: Construcción de Sociedades Conscientes", encontré en mi esposa, una guía esencial que no solo me ayudó a iniciar, sino también a completar este viaje. Más que un pilar de apoyo, su presencia ha sido el latido constante que ha inspirado cada reflexión sobre mindfulness y el espíritu compasivo que este libo busca difundir en el mundo. Al igual que su fe inquebrantable en la bondad intrínseca de la humanidad y su visión de un futuro más consciente y amable.

A Pamela, mi compañera.,

Alejandro Torres Retamal

INDICE

AGRADECIMIENTOS

Quiero comenzar expresando mi agradecimiento a Dios, por entregarnos esta capacidad interna que todos tenemos para poder creer y crear.

Agradezco a mi familia, muchas de las ideas que encontrarás aquí están impregnadas de su esencia y de nuestras vivencias compartidas.

Asimismo, quiero agradecer a todas las personas que han contribuido de diversas formas a la realización de este proyecto. Cada aporte, ha sido invaluable para llevarlo a cabo.

Quiero agradecer a los/as expertos/as cuyos conocimientos han sido esenciales en la elaboración de este libro. Gracias a ellos/as, he podido ampliar mi horizonte y profundizar en la comprensión sobre la construcción de sociedades más conscientes y compasivas.

Y, por supuesto, no puedo dejar de agradecer a ti, estimado/a lector/a, por dedicar tu tiempo y atención a estas páginas. Espero que encuentres en este libro no solo información, sino también inspiración para contribuir a un mundo más consciente, compasivo y sostenible.

A todos ustedes, mi gratitud.

Alejandro Torres Retamal

INTRODUCCIÓN

Como sociedad, estamos viviendo un momento crítico. La pandemia de COVID-19, los conflictos bélicos, entre otros, han tenido un impacto significativo en la salud, economía y forma en que vivimos nuestras vidas.

Es importante abordar estos desafíos de manera colectiva y buscar soluciones que nos permitan cuidar nuestra salud física, mental y emocional, a fin de disminuir los altos niveles de estrés, ansiedad y distracción.

Mindfulness es una herramienta que, aunque se origina en una práctica personal, sus beneficios se expanden positivamente a los demás y hacia el entorno. Al ser más conscientes de nuestras emociones, pensamientos y acciones, podemos tomar decisiones más acertadas, contribuir a la creación de un ambiente tranquilo, colaborativo y empático, favoreciendo el bienestar general de todos.

Esta práctica ha sido fundamental para mí; con ella, he aprendido a cultivar la calma y la atención plena. No solo me ha enseñado a mantener la serenidad en momentos de desafío, sino que también ha mejorado significativamente mi bienestar general. Al dedicar tiempo a esta disciplina, he experimentado una mayor claridad mental y una capacidad mejorada para gestionar mis emociones y el estrés cotidiano. Además, he notado un alivio físico palpable, lo cual ha sido realmente gratificante.

Una de las cosas más poderosas que he aprendido es a reconocer cuando estoy en piloto automático, distraído o preocupado por el futuro o el pasado. Esta conciencia me ha permitido tomar medidas para volver al presente y apreciar los momentos con gratitud. En definitiva, esta práctica ha tenido un impacto profundamente positivo en mi vida.

Por ello, siento que esta técnica milenaria puede ser un instrumento de transformación social, al fomentar la compasión, la aceptación y la conciencia del momento presente en todos los ámbitos de nuestra vida.

A través de actividades, sugerencias y ejemplos prácticos, te invito a incorporar mindfulness en diversas áreas de la sociedad. Partiendo desde la familia, la empresa, la educación y la salud, pasando por el tránsito, el desarrollo y la participación social, y siguiendo con la percepción de seguridad y el medio ambiente, para finalizar con el patrimonio humano.

Si buscas reconectar en medio de la hiperconexión moderna y te preocupa tu bienestar y el de los demás, este libro es para ti.

Únete a nosotros en la aventura de abrazar el poder del mindfulness y contribuir a la creación de un mundo más humano y amable.

MINDFULNESS: ALGO DE HISTORIA

Milenios de Tradición que Quizás Desconocías

¿Alguna vez te has preguntado cómo una práctica ancestral puede cambiar nuestra comprensión del mundo moderno? Sumérgete en este recorrido histórico de mindfulness y descubre cómo esta antigua tradición continúa influyendo nuestras vidas.

En la década de los 70, en la Universidad de Massachusetts, un grupo de académicos/as, estudiantes y profesionales se congregaba en un remanso de silencio para explorar formas alternativas de abordar el estrés y el sufrimiento. Liderado por destacados investigadores como Jon Kabat-Zinn, este colectivo se convirtió en pionero de un movimiento revolucionario que cambiaría la percepción occidental de la atención plena.

En Estados Unidos, impregnado de una búsqueda espiritual y una experimentación con diversas filosofías y estilos de vida, las prácticas meditativas y contemplativas del budismo y otras tradiciones orientales empezaron a ganar terreno entre aquellos que buscaban respuestas más allá de las normas establecidas.

Asimismo, surgió un creciente interés en la psicología humanista y transpersonal, que aspiraba a integrar la espiritualidad y la experiencia humana en el ámbito psicológico. Este movimiento influyó en la creación de programas que fusionaba principios de la psicología occidental con técnicas de meditación y atención plena inspiradas en las tradiciones orientales.

Si has indagado sobre el término "mindfulness", es probable que hayas topado con el nombre de Jon Kabat-Zinn, considerado por algunos como el padre del concepto. Quien ha sido uno de los principales defensores e investigadores de esta práctica, la cual describe como *"Una forma de Ser"*. Su programa más renombrado es la Reducción del Estrés Basado en Mindfulness, conocido como MBSR. El cual se sigue impartiendo en diversos centros de salud de Estados Unidos y complementa tratamientos para patologías como la psoriasis, cáncer, fibromialgia, entre otras susceptibles de provocar estrés.

Si bien, han pasado más de cinco décadas desde que el concepto de mindfulness emergió, en su origen se encuentran tradiciones milenarias como el Budismo y Yoga.

El primero, con más de 2500 años de existencia, fundado por Siddhartha Gautama, conocido como Buda, ofrece una profunda visión sobre la naturaleza de la mente y el sufrimiento humano. Los principios fundamentales del budismo, como las Cuatro Nobles Verdades y el Noble Óctuple Sendero, proporcionan una guía para vivir una vida plena y consciente. Estos principios incluyen la comprensión del sufrimiento, la renuncia al apego, la práctica de la compasión y el desarrollo de la sabiduría.

El segundo, con 6000 años aproximadamente, presenta un enfoque holístico para equilibrar el cuerpo, la mente y el espíritu. En los Yoga Sutras de Patanjali, se detallan los yama (restricciones éticas) y niyama (observancias personales), que constituyen la base de la ética y la disciplina en la práctica del yoga. Estos incluyen la no violencia (ahimsa), la verdad (satya), la pureza (saucha), la autodisciplina (tapas), el contentamiento (santosha), entre otros.

Tanto el budismo como el yoga han ejercido una influencia significativa en mindfulness. Los principios del budismo, como la comprensión del sufrimiento y el cultivo de la compasión, se reflejan en la actitud de aceptación y benevolencia hacia uno mismo y los demás en la práctica de la atención plena.

Por otro lado, los yama y niyama del yoga proporcionan una base ética y moral para la práctica de la conciencia plena, fomentando la autodisciplina, la verdad y la compasión hacia uno mismo y los demás.

Al explorar estas tradiciones milenarias, nos adentramos en la esencia misma de la humanidad y descubrimos poderosas herramientas para cultivar la paz interior y la claridad mental en un mundo donde está primando la inmediatez, la multitarea, hiperconexión, sobrecarga de información, presión por alcanzar ciertos estándares de éxito, entre otros. Afectando nuestro bienestar y calidad de vida en los distintos ámbitos de la sociedad.

MINDFULNESS: PERSONA Y FAMILIA

Una manera de disfrutarnos y protegernos

Comenzamos el día con una rutina marcada por la tecnología: apagar la alarma del celular y revisar rápidamente las redes sociales. Después, seguimos los pasos habituales: cepillarnos los dientes, ducharnos y vestirnos. Con algo de suerte, tomamos un desayuno rápido mientras echamos un vistazo a las noticias. Luego, nos dirigimos al trabajo, con la mente ya ocupada repasando mentalmente la agenda del día. Si en casa hay niños, llevamos a cabo el ritual de dejarlos en la escuela o subirlos al transporte escolar; asimismo, aquellos que tienen mascotas realizan las actividades correspondientes.

Si tenemos un vehículo el viaje al trabajo se convierte en un ejercicio de paciencia, sorteando los obstáculos de un tráfico cada vez más congestionado y ruidoso. Igualmente se requiere paciencia en el transporte público, en bicicleta o incluso caminando. En medio de todo este contexto, muchos/as viven en piloto automático, desconectados/as del momento presente, aumentando el riesgo de accidentes.

Al llegar al mediodía, es necesario hacer una pausa para el almuerzo. En medio del ajetreo diario, recordar qué se comió en el desayuno puede resultar difícil. Dependiendo del tiempo disponible, el almuerzo puede ser realizado en casa o en cualquier otro lugar en donde nos encontremos, para así poder continuar con las labores de la tarde. Comer en la oficina, mientras se mira el celular, el computador o en compañía de la televisión se ha vuelto una práctica común en la rutina diaria de muchas personas en todo el mundo.

Al término de la jornada laboral, el cansancio se hace visible y, en muchos casos, la cena se acompaña del ruido de la televisión, las redes sociales y/o conversaciones sobre el trabajo, que a menudo roban la atención, eclipsando la conexión genuina con el otro.

Esta incapacidad de desconectarse del trabajo y la tecnología, sumada a las preocupaciones del día siguiente, puede traer consecuencias graves, siendo un terreno fértil para el estrés, lo que podría derivar en enfermedades e incluso en la muerte. Recuerda que, para una familia, la ausencia de un ser querido deja un vacío duradero.

Finalizando la hora de la cena, los adultos continúan con sus quehaceres, mientras que los niños, niñas y adolescentes se sumergen en las redes sociales o en los videojuegos. Luego se retiran las pantallas, y llega el turno de dormir. En el caso de algunos adultos, un último bocado de pastel o lo que se tenga en la cocina se convierte en un pequeño premio para finalizar la jornada. No obstante, el peso del día sigue presente, lo que en muchas ocasiones genera dificultad para conseguir un sueño reparador. Y sin darnos cuenta, la importancia del descanso se diluye en una cultura obsesionada con la productividad.

Este día, tan familiar para muchos/as, lamentablemente refleja una realidad común en varios aspectos de la actualidad: la desconexión del presente, la sensación de agobio, sumada a la creencia de falta de tiempo, nos está impidiendo disfrutar la vida en el aquí y ahora.

Es necesario detenernos y recordar que estamos aquí para vivir, no solo para existir.

Permíteme compartir contigo una anécdota que ilustra este fenómeno: Durante un viaje en familia, disfrutábamos de un paseo por la playa, escuchando el sonido de las olas y sintiendo la brisa del viento en nuestra piel. Sin embargo, al observar a mi alrededor, noté cómo varios adolescentes, jóvenes y adultos estaban absortos en sus celulares, sacando muchas fotografías, mientras los niños/as exploraban con asombro el entorno y jugaban con la arena y el agua, completamente inmersos en el presente. Esta experiencia me hizo reflexionar sobre cuántas veces dejamos pasar momentos preciosos de conexión y serenidad debido a la distracción constante de la tecnología y las preocupaciones diarias.

Como dijo uno de los astronautas de la misión Apolo 13 de la NASA en 1970: "Houston, hemos tenido un problema aquí". La buena noticia es que aún existe la posibilidad de mejorar y disfrutar nuestra vida, mindfulness ofrece una forma de lograrlo, con prácticas formales e informales que nos permiten volver a sentir la tierra aquí y ahora.

Las prácticas formales, implican dedicar un tiempo específico del día a ejercicios de meditación mindfulness, las cuales pueden transformar gradualmente nuestra forma de experimentar el mundo. Estos momentos de atención plena nos ayudan a cultivar la amabilidad hacia nosotros/as mismos/as y a construir conexiones neuronales más sólidas.

Por otro lado, las prácticas informales nos invitan a integrar la atención plena en nuestras actividades diarias. Desde ducharse hasta comer o caminar, cada momento se convierte en una oportunidad para estar plenamente presentes y disfrutar de la vida en su máxima expresión.

Al practicar mindfulness, no solo nos beneficiamos nosotros/as mismos/as, sino que también creamos un entorno propicio para que nuestros seres queridos puedan experimentar una vida más plena y consciente.

A través de pequeños cambios en nuestra forma de vivir y relacionarnos con el mundo, podemos construir una familia y un hogar donde la atención plena sea uno de los pilares fundamentales.

Práctica formal de mindfulness

Para esta práctica es esencial encontrar un espacio cómodo y tranquilo, donde nadie te moleste, y reservar unos minutos de tu rutina diaria para realizar uno de estos ejercicios. La duración puede variar según tu agenda y tu familiaridad con la meditación, pudiendo ser desde 1 hasta más de 30 minutos. Lo crucial es mantener la constancia. Como menciona Pema Chodron en su poema, la instrucción esencial es: "Quédate".

"Quedarse" en el contexto de mindfulness se refiere a la capacidad de permanecer presente y consciente en el momento actual, sin ser arrastrado/a por pensamientos, emociones o distracciones. Este concepto fundamental se relaciona estrechamente con la idea de la atención plena.

Cuando practicamos mindfulness, a menudo nos enfrentamos a una corriente constante de pensamientos que fluyen a través de nuestra mente, ya sean preocupaciones sobre el futuro, remordimientos sobre el pasado o divagaciones sin sentido. La práctica del mindfulness nos enseña a "quedarnos" aquí y ahora, a observar estos pensamientos sin juzgarlos y luego dejarlos pasar.

"Quedarse" implica una atención consciente y deliberada en el momento presente, sin intentar cambiar o controlar lo que está sucediendo. Significa reconocer y permitir que fluyan nuestros pensamientos y emociones sin apegarnos a ellos.

Al practicar el "quedarse", cultivamos una mayor conciencia de nuestras experiencias internas y externas. Aprendemos a estar presentes en cada momento, esta habilidad nos permite experimentar la vida con mayor claridad y apertura, liberándonos del estrés y la ansiedad que a menudo surgen cuando nos dejamos llevar por nuestros pensamientos y emociones.

Es posible que, al principio, te sientas incómodo/a con la práctica, especialmente si estás comenzando. Sin embargo, la paciencia y la persistencia son elementos claves en este proceso.

Si por algún motivo no puedes practicar un día, no te culpes ni te castigues. Simplemente retoma al día siguiente y trátate con amabilidad, como lo harías con un amigo/a que está aprendiendo algo nuevo.

Según algunos descubrimientos neurocientíficos, tu cerebro comienza a cambiar después de tan sólo 5 días de práctica con mindfulness. Sin embargo, estos cambios no son permanentes. Si dejas de practicar, volverás al punto de partida.

Después de 8 semanas de entrenamiento, las nuevas conexiones entre tus neuronas se vuelven más sólidas, pero nuevamente, si dejas de practicar, perderás esos beneficios.

Para entender mejor este concepto, piensa en tu cerebro como si fuera un músculo. Al igual que con el ejercicio físico, la repetición y la constancia son claves para fortalecerlo. Cuanto más practiques mindfulness, más sólidas se volverán las conexiones neuronales en tu cerebro.

Aunque al principio puede resultar difícil salir de tu rutina habitual, es importante dedicar tiempo al cuidado de tu mente, de la misma forma que lo haces con tu cuerpo. Así como te duchas, lavas los dientes y te alimentas para mantener tu cuerpo sano, es necesario que también cuides tu mente con unos minutos de silencio al día.

Hablar de "silencio mental" no significa dejar la mente en blanco. Sabemos que la mente está constantemente activa, con miles de pensamientos surgiendo a lo largo del día. Sin embargo, practicar mindfulness nos permite desenredar esos pensamientos y seleccionar dónde queremos enfocar nuestra atención. Es un proceso gradual, pero con el tiempo aprenderás a observar los pensamientos con distancia, sin identificarte con ellos.

En resumen, la práctica formal de la atención plena es una oportunidad para dedicar unos minutos al día al cuidado de tu mente. Con constancia y amabilidad hacia ti mismo/a, podrás fortalecer tu cerebro y cultivar una mayor atención y conciencia en tu vida diaria.

Aquí te comparto un ejercicio de **Mindfulness en la respiración** para que comiences con tu práctica:

1. Encuentra un lugar tranquilo y cómodo donde puedas sentarte sin ser interrumpido/a durante unos minutos. Puedes elegir una silla o un cojín de meditación en el suelo, lo que te resulte más confortable.

2. Siéntate con la espalda recta pero relajada, las manos descansando sobre las rodillas o en tu regazo. Cierra suavemente los ojos o mantén una mirada baja y en un punto fijo, sin tensión en los músculos faciales.

3. Comienza tomando tres respiraciones profundas para relajar tu cuerpo y calmar tu mente, intenta que la exhalación sea más larga, lenta y pausada que la inhalación. Luego, deja que tu respiración vuelva a su ritmo natural. Observa el flujo de la respiración entrando y saliendo de tu cuerpo.

4. Observa cómo el aire entra por tus fosas nasales, llena tus pulmones, y luego sale.

5. Mantén tu enfoque en la respiración, permitiendo que otros pensamientos, emociones o distracciones pasen sin apegarte a ellos. Si te encuentras perdido/a en pensamientos, simplemente regresa suavemente tu atención a la sensación de la respiración.

6. Continúa observando tu respiración durante unos minutos, manteniendo una actitud de apertura y curiosidad hacia las sensaciones que surgen. Si notas que tu mente divaga, no te preocupes; es natural. Simplemente regresa amablemente tu atención a la respiración.

7. Después de unos minutos, lleva suavemente tu atención de vuelta al entorno que te rodea. Toma unas respiraciones profundas y abre lentamente los ojos si estaban cerrados. Toma un momento para notar cómo te sientes después de realizar el ejercicio.

Esta práctica de mindfulness centrada en la respiración te ayudará a cultivar la atención plena y la calma en tu vida diaria. Puedes realizarla por unos minutos cada día, según tu horario y necesidades.

Recuerda que la práctica de la atención plena es personal y puede adaptarse. No hay una manera "correcta" o "incorrecta" de llevarla a cabo, lo importante es recordar realizarla con intención.

Práctica Informal de Mindfulness:

Reflexiona por un momento: ¿Recuerdas qué has comido esta mañana, qué sensaciones experimentaste bajo la ducha o cómo comenzaste los quehaceres del hogar, llegaste al trabajo o universidad?

Es probable que no recuerdes todo con claridad, pero seguramente tienes imágenes mentales de lo que hiciste: Mientras te duchabas, te cepillaste los dientes, luego tomaste el celular al vestirte y durante el desayuno. Estas acciones gran parte del tiempo las realizamos de forma automática e inconsciente, perdiendo la oportunidad de disfrutar de los pequeños detalles de la vida.

Imagina a un/a ejecutivo/a ocupado/a que solía desayunar frente a su computador mientras revisaba correos electrónicos. Un día, decidió comer de forma consciente. Apagó su computador, se tomó unos minutos adicionales y saboreó su alimento, disfrutando del aroma del café y la suavidad de la luz de la mañana que entraba por la ventana. Este simple cambio en su rutina le trajo una sensación de calma y gratitud para comenzar su jornada laboral con mejor ánimo y energía.

La práctica informal del mindfulness busca que realices cada actividad con plena atención y conciencia de lo que está sucediendo y lo que sientes en cada momento. Esto significa romper con el automatismo, liberándote de la pantalla de un dispositivo tecnológico o de tu rumiación mental que te atrapa constantemente y te impide vivir el presente.

Visualiza a un/a estudiante universitario/a que solía caminar por el campus absorto/a en su teléfono, sin prestar atención al mundo que lo rodeaba. Un día, decidió practicar mindfulness durante su caminata hacia la clase. Guardó su teléfono en el bolsillo y comenzó a observar los árboles, a escuchar el canto de los pájaros y a sentir el sol en su rostro. Esta simple práctica le ayudó a reducir su estrés y a sentirse más conectado/a con su entorno.

Al romper con la automatización y el apego constante a las pantallas, podemos mejorar significativamente nuestra calidad de vida y cultivar una conexión más profunda con el momento presente.

En la sociedad moderna, estamos constantemente bombardeados por estímulos externos, como notificaciones en nuestros dispositivos tecnológicos, mensajes de correo electrónico, redes sociales y otras distracciones digitales. Esta constante exposición a la tecnología puede fragmentar nuestra atención y desviarnos del presente, impidiéndonos experimentar plenamente nuestro día a día.

Ahora piensa en una familia que solía cenar en compañía de la televisión o bien cada integrante revisando su celular. Un día, toman consciencia que esos hábitos están siendo perjudiciales para su relación, por lo que deciden apagar la televisión, sacar los celulares de la mesa, conversar sobre su día y reír. Conectando como no lo habían hecho en mucho tiempo, fortaleciendo sus lazos y disfrutando juntos el aquí y ahora.

Al tomar conciencia de nuestras acciones y de las sensaciones presentes en cada momento, podemos disfrutar plenamente de las experiencias simples de la vida, como una conversación cara a cara con un ser querido, saborear una comida deliciosa o deleitarse con un paseo tranquilo por la naturaleza.

Reduciendo nuestro tiempo frente a las pantallas y practicar la atención plena, podemos experimentar una mejora significativa en nuestra salud mental y emocional. La constante exposición a la tecnología puede contribuir al estrés, la ansiedad y la sensación de desconexión con nosotros/as mismos/as y con los demás.

Cultivar una mayor conciencia del momento presente, nos permite gestionar de mejor manera el estrés y disminuir los síntomas de la ansiedad, además de mejorar nuestra capacidad para regular las emociones y fortalecer nuestras relaciones interpersonales.

En resumen, romper con la automatización y con la exposición constante y sin control a las pantallas, nos permite vivir de manera más consciente y significativa, disfrutando plenamente de cada momento y cultivando una mayor conexión con nosotros/as mismos/as, con los demás y con el mundo que nos rodea.

Al practicar mindfulness en la vida diaria, podemos experimentar una mejora significativa en nuestra calidad de vida y bienestar general.

Un proverbio Zen encapsula esta práctica: *"Cuando camines, camina; cuando duermas, duerme"*. En otras palabras, la esencia del mindfulness aplicado a la vida cotidiana radica en prestar atención plena a las actividades realizadas a lo largo del día, momento a momento.

Te invito a conocer algunas prácticas de **mindfulness informal**:

✓ Ducha consciente: 3 o 5 minutos son suficientes para disfrutar de las sensaciones del agua sobre tu cuerpo, su temperatura, aromas, sonidos y la experiencia de secarte y vestirte.

✓ Lavarse los dientes: Siente cada movimiento del cepillo en tus dientes, encías, lengua y mejillas. Presta atención a las sensaciones del agua al enjuagar tu boca y disfruta.

✓ Comer consciente: Antes de comenzar a comer, desconéctate de las pantallas cercanas y toma conciencia de las sensaciones del alimento en tu boca, garganta y estómago. Mastica lentamente, saborea cada bocado y presta atención a cuándo te sientes saciado/a.

✓ Caminata consciente: Observa el entorno por donde pasas, las personas que te rodean y las sensaciones en tu cuerpo mientras avanzas hacia tu destino. Disfruta de los aromas, sonidos, movimiento articular, musculatura y latidos de tu corazón durante el recorrido.

✓ Interacciones personales: Escucha activamente, observa y siente cómo te afecta la interacción con la otra persona. Aprovecha al máximo cada encuentro único e irrepetible.

Es importante destacar que no necesitas más tiempo del que ya dedicas a estas actividades. Por ejemplo, Tus 3 a 5 minutos en la ducha son suficientes. Un baño prolongado sería contraproducente para el medio ambiente, especialmente en el contexto actual de cambio climático.

Mindfulness no se trata solo de aprender una técnica; si no de integrar una forma de vida más consciente y plena.

Te invito a que comiences tu viaje hacia una mayor atención y bienestar ahora mismo. Puedes empezar con sólo unos minutos al día, para conectar contigo mismo/a y con el momento presente.

Recuerda que la práctica constante es la clave para cosechar los beneficios de mindfulness: una mente más tranquila, una mayor claridad mental y una conexión más profunda contigo mismo/a y con el mundo que te rodea.

Todas las prácticas mencionadas se pueden promover en los/as integrantes de tu familia.

¡Anímate y comienza hoy!

Conviértete en una Familia Mindful

Para comprender cómo mindfulness puede convertirse en un hábito arraigado desde temprana edad o incluso en el atardecer de la vida. Recordemos esos momentos en los que nos obligaban a hacer algo que no queríamos, como aprender las tablas de multiplicar. A menudo, nuestros padres nos impulsaban a adquirir conocimientos que nos preparaban para el futuro, pero el recuerdo de esas experiencias no siempre es agradable.

La lección que podemos extraer de esto es que mindfulness no se puede imponer; más bien, debemos cultivarlo de manera que los recuerdos agradables surjan de forma natural y se arraiguen en nuestra experiencia, enriqueciendo nuestro ser con plenitud y felicidad.

Así como tratamos con amabilidad a un niño/a que está aprendiendo, debemos abordar mindfulness con gentileza y paciencia. Forzar la práctica solo generará aversión y resistencia. En cambio, fomentemos un ambiente de apertura y exploración, donde cada miembro de la familia pueda integrar esta práctica a su propio ritmo y de manera auténtica.

En resumen, mindfulness en la familia no es una imposición, sino un camino de descubrimiento y crecimiento compartido. Con **paciencia, amabilidad y atención plena**, podemos cultivar un hogar donde la serenidad y la conexión florezcan en cada momento.

A continuación, algunas ideas para cultivar mindfulness.

Desde la Primera Infancia hasta la Juventud.

Desde el mismísimo nacimiento, cada interacción y experiencia deja una huella indeleble en el desarrollo humano. Durante los primeros cinco años, se establecen los cimientos de habilidades vitales, desde lo físico hasta lo emocional, sentando las bases para un futuro lleno de posibilidades. Es en este periodo que mindfulness emerge como una herramienta invaluable para nutrir el crecimiento integral del ser humano.

Los primeros años de vida de un niño/a son una oportunidad única para que los progenitores y cuidadores fomenten la atención de forma natural y orgánica, en las actividades cotidianas. Por ejemplo, al momento de calmar el llanto, cambiar pañales, dar la comida, salir a jugar al parque. Es crucial que los/as adultos/as estén presentes en cuerpo y mente, dejando de lado las distracciones digitales.

Aunque el término "mindfulness" puede ser ajeno para los/as niños/as pequeños/as, su práctica es esencial. Los/as adultos/as actúan como modelos a seguir, demostrando con su ejemplo la importancia de la atención plena en la vida cotidiana.

La práctica informal del mindfulness, integrada en las rutinas diarias, sienta las bases para un desarrollo emocional saludable y una conexión más profunda con el entorno.

El apego seguro juega un papel fundamental en este proceso. Al proporcionar un ambiente amoroso y estable, los/as adultos/as permiten que los/as niños/as exploren el mundo con confianza y curiosidad.

Es crucial encontrar un equilibrio entre el cuidado y la autonomía, brindando apoyo cuando sea necesario, pero también fomentando la independencia y la resiliencia.

A medida que los/as niños/as crecen, se puede introducir gradualmente la práctica formal de mindfulness. Ejercicios simples, como la atención a la respiración, pueden ayudarles a cultivar la calma interior y la claridad mental. Es importante que estos momentos de silencio y reflexión se conviertan en una parte natural de la vida cotidiana, libre de distracciones externas.

En resumen, los primeros años de vida son un período precioso y lleno de oportunidades para cultivar esta práctica. Al estar plenamente presentes y comprometidos/as con nuestros/as hijos/as, podemos sentar las bases para un desarrollo saludable y una conexión más profunda con nosotros/as mismos/as y con el mundo que nos rodea.

¡Tu hijo/a ha crecido! Quizás no te hayas dado cuenta de que ya tiene 6 años y ha comenzado a asistir a la escuela, un entorno más formal con nuevas demandas. Mantén la calma y gestiona tus miedos para permitir que avance sin sentirse presionado.

Como sugerencia, descubre sus intereses y acércate a los materiales que le gusten. **Dale espacio** para sumergirse en sus libros, escritos o dibujos, y escúchalo/a cuando quiera compartir sus descubrimientos. Hazte parte de su mundo, habla con él/ella de manera normal y amable para que se sienta cercano/a y seguro/a contigo.

Con la llegada de las matemáticas y nuevas interacciones sociales, tu hijo/a desarrollará la capacidad de atención plena a múltiples estímulos del entorno. Este es un momento adecuado para introducir mindfulness de manera formal. Comienza con unos minutos al día, eligiendo el momento que mejor se adapte a su rutina. Recuerda que conoces mejor que nadie a tu hijo/a, así que avanza lentamente y con calma, adaptando la práctica a sus necesidades y preferencias.

A medida que tu hijo/a crece, también se desarrolla su inteligencia emocional. Ahora puede experimentar una amplia gama de emociones y aprender a gestionarlas. Tu papel como guía es fundamental en este proceso. Valida sus emociones y ayúdale a gestionarlas de forma apropiada, manteniendo la calma y ofreciendo apoyo cuando sea necesario. Salgan a caminar o realicen actividades juntos para promover el diálogo y la comprensión emocional.

Quizás, ahora te encuentras con un/a hijo/a adolescente, etapa donde comienza a tomar mayor protagonismo el sentido más crítico de la vida. Aprovecha este periodo y muestra las múltiples miradas y posibilidades de actuar frente a un evento y/o situación que pueda estar causando malestar a él/ella. Motívalo/a para que esta se convierta en una acción transformadora, explícale la **diferencia entre crítica y queja.**

Recuerda que la crítica se fundamenta en la búsqueda e innovación, con el objetivo de mejorar y evolucionar hacia una solución, un nuevo camino a seguir. En cambio, la queja suele quedarse en un estado de inercia, sin aspirar a cambios positivos, alimentándose continuamente de la misma insatisfacción.

Si has estado presente, con presencia en las etapas anteriores, seguro podrás hacerlo de manera expedita. Tendrás la confianza de tu hijo/a y sabrás cómo abordar temas complejos de manera más simple. Aprende su manera de comunicar, ya sea a través de las redes sociales, jugando videojuegos o dando un paseo. Es muy importante que le des su espacio y tiempo, sin estar distante. Al contrario, mantente cercano/a, amable y con actitud de apertura.

Fomenta la práctica de mindfulness con objetivos claros relacionados con fortalecer su autoestima, amor propio e identidad personal. Esto es crucial para prevenir que el grupo lo/a influencie hacia comportamientos riesgosos. Recuerda que tú conoces mejor a tu hijo/a, solo expongo ideas para abrir tu campo de acción y hacer que esta etapa de adolescencia sea con menos sufrimiento.

¡Qué rápido pasa el tiempo!

Tu hijo/a está tomando decisiones y ha dado pasos para concretarlas. Ha logrado su primer trabajo o ha ingresado a estudiar una carrera en la educación superior.

Es importante que no hagas que tu hijo/a viva la vida que tú hubieras querido vivir. No lo/a presiones, simplemente apoya sus decisiones, siempre y cuando no involucren dañar a nadie. Hazle saber que estarás ahí para él/ella y permite que refuerce su propia identidad para que en el futuro sea igual o más **feliz** que tú.

Como has leído este libro más de una vez, seguramente cuando tu hijo/a era más joven le enseñaste mindfulness y practicaste con él/ella. Ha logrado internalizar su propia forma de llevarlo en todo su **SER** y aprendió a vivir una vida más presente y plena. Esto se traduce en una vida más feliz, y tu labor ha dado frutos.

A continuación, comparto algunas prácticas de Mindfulness útiles para las etapas de vida mencionadas:

> *Primera Infancia:*

Exploración sensorial: Invita al/la niño/a a explorar diferentes objetos con sus sentidos. Pueden tocar objetos con diferentes texturas, observar colores y formas, escuchar sonidos suaves o fuertes, y experimentar diferentes aromas.

A medida que realizan lo anterior, anímalos a describir lo que están experimentando en ese momento, ayudándoles a conectarse con sus sentidos y con el presente.

➤ *Infancia:*

Respiración de burbujas: Invita al/la niño/a a sentarse en un lugar cómodo y tranquilo. Dale un tubo de burbujas y pídele que sople suavemente y observe cómo estas aparecen, cómo flotan en el aire y cómo desaparecen lentamente, incentivando su capacidad de **asombro** y descubrimiento. Este ejercicio ayuda a los/as niños/as a enfocarse en su respiración y en el momento presente de manera lúdica.

➤ *Adolescencia:*

Escaneo corporal: Pídele que se acueste en una posición cómoda y cierre los ojos. Luego, invítalo/a a dirigir su atención a diferentes partes del cuerpo, comenzando desde los pies y avanzando lentamente hasta la cabeza. A medida que lo hacen, pueden notar cualquier sensación física **sin juzgarla**, simplemente observándola y dejándola ir.

➤ Juventud.

Caminata consciente: Sal a caminar en un entorno tranquilo y seguro, como un parque o un sendero natural. Mientras lo haces, céntrate en tus pasos, en cómo se sienten sus pies tocando el suelo y el ritmo de la respiración mientras avanzas. También puedes prestar atención a los sonidos del entorno y a las sensaciones físicas a medida que aparecen. Esta práctica ayuda a calmar la mente y a conectar con el entorno natural.

¿Cómo mindfulness puede fortalecer tu relación de pareja?

Imagina despertar cada mañana junto a tu ser querido, sintiendo una conexión más profunda y auténtica que nunca. Visualiza cómo el simple acto de respirar juntos se transforma en un ritual sagrado de amor y conexión.

Lo anterior, no es solo un sueño idealizado, sino una realidad que puede ser alcanzada a través del poder de mindfulness en acción.

La práctica de la atención plena es una herramienta poderosa que logrará revolucionar tu relación de pareja y llevarla a nuevas alturas de intimidad y **comprensión mutua.**

Desde esta perspectiva la práctica de mindfulness fortalece nuestra relación de pareja al hacernos más conscientes de nosotros mismos y de nuestro amor por el otro. Nos ayuda a conocernos, aceptarnos, tratarnos con compasión, disfrutarnos y amarnos tal como somos. Es un complemento maravilloso para mantener una relación de pareja saludable y duradera, si así lo deseamos.

Seguramente has escuchado o leído la siguiente cita: *"Para entregar amor a otros, primero tengo que entregarme amor".* Pero por favor, no tomes esta frase como una regla absoluta. También podemos dar amor a otros mientras aprendemos a amarnos a nosotros mismos día a día. ¡Todo es cuestión de práctica y dedicación!

La práctica de mindfulness puede ayudarnos a mantener nuestro **equilibrio** interno y a enfrentar los desafíos cotidianos con una actitud más positiva. Nos permite disfrutar más de nosotros mismos, de nuestro presente y de las personas que nos rodean. Aprendemos a confiar en la vida y en sus procesos, desarrollando la paciencia y soltando aquello que nos hace daño cuando las cosas no van como esperamos.

Cada día que vivimos, tanto con nosotros mismos como con los demás, podemos hacerlo como si fuera la primera vez, descubriendo el mundo con una mente de principiante, llena de asombro y admiración, desde nuestro/a maestro/a interior.

¿Cómo comenzar a despertar a nuestro/a maestro/a interior?

Es más fácil de lo que crees. Solo necesitas dedicar unos pocos minutos al día para **cuidar tu mente y tu espíritu**. Puedes empezar con ejercicios simples de mindfulness, como prestar atención a tu respiración o realizar movimientos conscientes.

Descubre la **serenidad y el despertar** de tu maestro/a interior con Mindfulness en la pareja, te dejo algunas ideas:

a. Respiración Consciente: Dediquen unos minutos al día para sentarse juntos en un lugar tranquilo y respirar conscientemente. Pueden sincronizar su respiración, inhalando y exhalando al mismo tiempo, mientras se centran en las sensaciones físicas y emocionales que surgen en el momento presente.

b. Paseos Conscientes: Salgan a dar un paseo juntos y practiquen la atención plena mientras caminan. Observen los detalles del entorno que los rodea, como los sonidos de la naturaleza, los colores de las flores o las sensaciones físicas que puedan experimentar. Tomen conciencia de cómo se sienten en el momento y compartan sus observaciones con amor y apertura.

c. Comida Consciente: Disfruten de su compañía de manera consciente al momento de preparar los alimentos y comerlos. Tomen el tiempo para sentir cada bocado, prestando atención a la textura, el sabor y el aroma de estos. Conecten entre sí a través de conversaciones significativas y compartan con gratitud.

d. Masajes Mindful: Tomen turnos para dar y recibir masajes, centrándose en las sensaciones táctiles y en el intercambio de energía amorosa. Utilicen aceites esenciales relajantes y música suave para crear un ambiente tranquilo y acogedor.

e. Movimientos conscientes: Realicen ejercicios de yoga o estiramientos, manteniendo la atención en el movimiento. **Apóyense** y **anímense** mutuamente durante la práctica, compartiendo el espacio sagrado del momento presente.

f. Prácticas de Apreciación: Dediquen tiempo a expresar gratitud y aprecio el uno por el otro. Tomen turnos para compartir lo que valoran y aman de su pareja, cultivando un sentido más profundo de conexión y amor mutuo.

g. Tiempo de Silencio Compartido: Siéntanse cómodos compartiendo el espacio sin necesidad de hablar, permitiendo que la presencia mutua sea suficiente para **nutrir su relación.**

Estos son solo algunos ejemplos de cómo pueden practicar mindfulness en pareja. La clave es estar presentes el uno para el otro con amor, compasión y aceptación, cultivando una conexión más profunda y significativa en su relación.

¡Y no te olvides de celebrar cada pequeño logro en este viaje hacia una relación más consciente y amorosa con tu pareja! Cada paso que des te acercará más a una conexión genuina y duradera.

Déjame contarte que dentro de nosotros viven, aproximadamente, cerca de 86 mil millones de neuronas. Sí, leíste bien, 86 mil millones de neuronas, que en su biología básica se componen de un cuerpo celular, numerosas fibras ramificadas llamadas dendritas y la más grande de estas recibe el nombre de axón. Sus mecanismos de acción tienen el poder de recibir y decodificar la información mediante señales eléctricas y químicas.

Las neuronas espejo constituyen un conjunto particular de células nerviosas que se activan tanto cuando realizas una acción como cuando otro ser humano observa dicha acción.

Lo anterior, significa que, al practicar mindfulness de manera constante, tu pareja también se sentirá motivada/o a hacerlo. Anímala/o a unirse a esta práctica.

He tenido la suerte de realizar clases de yoga, meditación, mindfulness a diferentes parejas, y en nuestras conversaciones les pregunto:

¿Por qué vienes a practicar?

La respuesta más común es: *"Acompaño a mi pareja o mi pareja me trae"*. Luego de un tiempo, la persona que venía como acompañante casi por obligación, continúa asistiendo por decisión propia. Esta es la magia de las prácticas contemplativas, una vez que llegan a tu vida, deseas seguir experimentándola.

Como lo he mencionado en este apartado, al adoptar la práctica de la atención plena como parte de tu vida diaria, puedes fortalecer el **vínculo** con tu pareja, cultivar una mayor comprensión y aceptación mutua.

La práctica de mindfulness no solo transforma tu relación contigo mismo, sino que también enriquece la relación con tu ser querido. No esperes más para empezar este viaje juntos hacia una relación más consciente y amorosa.

28

MINDFULNESS: EMPRESA

Crear, Innovar y Cuidar

En los años 90, la sigla VUCA se popularizó en el ámbito empresarial para describir la volatilidad, incertidumbre, complejidad y ambigüedad presentes en los entornos corporativos. Este término, acuñado originalmente en el Colegio de Guerra del Ejército de Estados Unidos para contextualizar las secuelas de la Guerra Fría, ha generado diversos debates e interpretaciones. Algunos lo consideran una analogía pertinente, mientras que otros cuestionan su relevancia respecto a la realidad empresarial actual.

Comparar los entornos empresariales con el legado de la Guerra Fría es una metáfora que suscita reflexiones interesantes. Si bien es cierto que las empresas no han experimentado una guerra en el sentido convencional, la competencia y los desafíos a menudo se perciben como batallas que librar. Sin embargo, preferiría ver estos desafíos como oportunidades para **aprender** y **crecer** en colaboración con otros actores del mercado.

En este sentido, los competidores no son enemigos que derrotar, sino maestros que nos enseñan y motivan a mejorar. La colaboración y la asociación estratégica pueden ser más beneficiosas que la rivalidad desmedida. Un ejemplo destacado es la relación entre Microsoft y Apple, donde la competencia estimuló la innovación y el progreso en ambos lados.

La pandemia de Covid-19 ha transformado el panorama empresarial, llevándonos de un entorno VUCA a uno definido por la sigla BANI, donde destaca el caos, y enfatiza momentos quebradizos, ansiosos, no lineales e incomprensibles. Este nuevo contexto demanda una aproximación más cuidadosa y adaptativa, donde mindfulness puede ser una herramienta invaluable.

En un mundo frágil e incierto, avanzar con humildad y apertura a nuevas posibilidades es esencial. La inteligencia emocional y la capacidad de **gestionar el miedo** son habilidades fundamentales en tiempos de incertidumbre. Mindfulness nos invita a detenernos, respirar y observar, ofreciendo una perspectiva valiosa en momentos de turbulencia.

Para navegar efectivamente por el entorno empresarial cambiante, la implementación de prácticas de mindfulness en la cultura organizacional se vuelve crucial. Sesiones regulares de atención plena enfocadas en el manejo del estrés, programas de liderazgo consciente y espacios de mindfulness virtuales para el trabajo remoto son ejemplos de cómo las empresas pueden fomentar un ambiente de claridad mental, **resiliencia emocional** y comunicación efectiva.

Estas prácticas no solo ayudan a reducir el estrés y la ansiedad, sino que también cultivan la innovación, mejorando la toma de decisiones conscientes y la resolución se conflictos. Los líderes que adoptan estas prácticas pueden evaluar situaciones con mayor objetividad y responder de manera más efectiva a los desafíos.

El bienestar emocional que promueve la práctica de la atención plena lleva a una mayor **creatividad** y compromiso por parte de los/as trabajadores/as. Además de mejorar las relaciones interpersonales y la comunicación efectiva facilitando la colaboración y el trabajo en equipo.

La integración de iniciativas de bienestar integral que combinan mindfulness con actividad física y nutrición saludable, junto con la evaluación y el feedback continuo de estas prácticas, aseguran que la implementación sea efectiva y responda a las necesidades de los/as trabajadores/as.

Al fortalecer la capacidad de adaptación y la cohesión interna, las empresas pueden prosperar en un mundo empresarial en constante evolución.

En resumen, adoptar mindfulness en el entorno empresarial no es solo una estrategia para gestionar el estrés; es un enfoque holístico que permite fomentar un ambiente laboral **saludable** y productivo, mejorar la toma de decisiones, la gestión del tiempo y cultivar una cultura de innovación y cuidado.

Integrar la consciencia plena de manera coherente en la estrategia empresarial permite a las organizaciones no solo adaptarse sino también **liderar** en tiempos inciertos.

Liderazgo Consciente

¿Sabías que, según estudios recientes, el 70% de la falta de compromiso del equipo se determina únicamente por la actitud y comportamiento del jefe?

En un mundo donde la complejidad y la incertidumbre son moneda corriente, el liderazgo consciente emerge como un faro de esperanza, ofreciendo un enfoque integral y compasivo para guiar nuestras organizaciones hacia un futuro más prometedor.

Como señala una frase atribuida a Peter Drucker, el visionario de la gestión empresarial, *"Lo más importante de la comunicación es escuchar lo que no se dice"*. En un mundo donde la escucha activa y empática es una habilidad escasa, el liderazgo consciente es una oportunidad de **cambio**, convirtiéndose en una luz en el camino hacia una comprensión más profunda y una colaboración más auténtica.

Las organizaciones, reflejos de la sociedad actual, son testigos de la complejidad y la incertidumbre que caracterizan nuestro tiempo.

Como líderes, tenemos la responsabilidad de reconocer este contexto, motivar y **acompañar** a nuestros equipos hacia un terreno firme y favorable.

Al identificar a las personas como el núcleo de nuestras organizaciones, reconocemos la importancia de cultivar un liderazgo que trascienda lo superficial y aborde las verdaderas necesidades emocionales y profesionales de sus trabajadores/as.

Aquí radica la esencia del liderazgo consciente: en la comprensión profunda de que nuestras acciones y emociones tienen un impacto directo en quienes nos rodean, por lo tanto, es nuestra responsabilidad trabajar en nosotros y convertirnos en modelos dignos de imitar.

Desde los líderes de grandes corporaciones hasta los emprendedores sociales, el liderazgo consciente se está convirtiendo en un imperativo en todos los niveles y sectores. Te invito a leer lo que tienen que decir diferentes expertos sobre este tema:

❖ Satya Nadella, CEO de Microsoft, afirma: *"La empatía es fundamental en el liderazgo. Debemos entender a nuestros/as clientes y trabajadores/as para poder satisfacer sus necesidades"*. La comprensión empática es esencial para abordar las necesidades cambiantes de nuestros trabajadores y clientes, lo que impulsa la **innovación y la adaptación** en nuestras organizaciones.

❖ Verna Myers, reconocida experta en diversidad, inclusión y liderazgo, sostiene que *"La diversidad es que te inviten a una fiesta e inclusión es que te saquen a bailar"*, es decir, la diversidad por sí misma no tiene valor; la riqueza de la diversidad la proporciona la inclusión. Que esto sea comprendido por los lideres y lideresas, enriquece nuestro entorno laboral, promoviendo la innovación y la **resolución creativa de problemas.**

❖ Brené Brown, conocida por su trabajo en el campo de la vulnerabilidad, la vergüenza, la empatía y el coraje nos recuerda que *"en un liderazgo audaz, pedir ayuda es algo normal y esperado en todos los niveles"*. Un liderazgo consciente, es capaz de pedir apoyo, **empodera** a los/as demás, fomenta un ambiente de confianza y crecimiento mutuo.

❖ Thich Nhat Hanh, conocido por su enseñanza de mindfulness y la paz interior, nos inspira al decir: *"La plena conciencia ha de ser comprometida. Cuando vemos que algo debe ser hecho, debemos actuar. Visión y acción van de la mano. De otro modo, ¿De qué sirve la visión...?"*. La atención plena y la presencia consciente nos permiten liderar con claridad y compasión, **inspirando** a otros a seguir nuestro ejemplo y maximizando nuestro impacto en el mundo.

Son extensos los casos de éxito que respaldan la efectividad del Mindfulness en las organizaciones, por ejemplo:

❖ Google ha implementado varios programas de mindfulness en todos los niveles de su organización, lo que ha dado como resultado una disminución en los niveles de estrés y ansiedad, así como una reducción en los accidentes laborales y el ausentismo. También se han observado menos conflictos en el trabajo y retención del talento.

Asimismo, se ha notado un aumento en la capacidad de concentración de los/as trabajadores/as, lo que les ha permitido enfocarse en aspectos importantes, mejorar su productividad, creatividad e innovación, y tener una mayor claridad mental, tomando mejores decisiones con una visión estratégica más amplia.

❖ Nike ha ofrecido espacios de relajación en sus instalaciones, donde los/as trabajadores/as pueden practicar yoga, mindfulness o simplemente descansar. Esto ha contribuido a mejorar el bienestar de los equipos, así como a fomentar la creatividad e innovación y una mejor gestión del estrés, entre otros beneficios.

❖ En General Mills, el programa formativo de Mindful Leadership ha tenido un impacto significativo en sus directivos, ya que ha contribuido al desarrollo de habilidades relacionadas con la inteligencia emocional y ha mejorado las relaciones interpersonales. Además, se ha notado una mayor claridad mental y una atmósfera de trabajo más tranquila.

❖ Aetna, una compañía de seguros de salud, ha implementado programas de mindfulness en sus oficinas en América Latina. Los/as trabajadores/as tienen la oportunidad de participar en sesiones de meditación y entrenamiento en atención plena para mejorar su bienestar emocional y su desempeño laboral.

Es hora de elevarnos como líderes conscientes y compasivos, no solo por el bien de nuestras organizaciones, sino también por el bienestar de la sociedad en su conjunto. Un **enfoque integral** y compasivo para guiar nuestras organizaciones, no solo cultivamos un ambiente laboral más saludable y productivo, sino que también contribuimos a un mundo donde la empatía, la inclusión y la colaboración son los pilares de un **futuro** más prometedor.

Juntos, podemos navegar las aguas turbulentas de la sociedad moderna y alcanzar nuevas alturas de éxito y realización.

Vamos a hacer un ejercicio para desarrollar la **escucha activa** conectar con esta habilidad esencial para el liderazgo consciente:

1. Elige a un/a compañero/a, colega o amigo/a con quien puedas practicar este ejercicio.

2. Encuentra un lugar tranquilo donde puedan sentarse cómodamente, cara a cara, sin distracciones.

3. Establece un tiempo específico para el ejercicio, como 10 o 15 minutos.

4. Decide quién será el oyente y quién será el hablante para comenzar.

5.   El hablante comparte una experiencia personal o idea mientras el oyente practica la escucha activa.

6.   Durante la conversación, el oyente se enfoca completamente en lo que el hablante está diciendo. Esto significa prestar atención no solo a las palabras, sino también al lenguaje corporal y las emociones del hablante.

7.   El oyente evita interrumpir, juzgar o dar consejos durante la conversación. En lugar de eso, se limita a escuchar con empatía y comprensión.

8.   Después de que el hablante termine de compartir, el oyente puede resumir lo que escuchó para asegurarse de haber comprendido correctamente.

9.   Luego, los roles se invierten, y el hablante se convierte en el oyente, y viceversa.

10.   Al finalizar el ejercicio, dediquen unos minutos para reflexionar juntos sobre la experiencia ¿cómo se sintieron al ser escuchados de manera activa y cómo esto afectó su conexión y comprensión mutua?

Este ejercicio de escucha activa es una forma poderosa de desarrollar la empatía, la **comprensión** y la conexión interpersonal, habilidades fundamentales para el liderazgo consciente.

Practicar regularmente la escucha activa puede mejorar la calidad de tus relaciones interpersonales y tu capacidad para liderar con compasión y autenticidad.

MINDFULNESS:

INSTITUCIONES DE SALUD

Humanización de la atención y calidad en el trato,
a través de la atención consciente y compasiva.

En el contexto actual de la atención en salud, la **compasión** y mindfulness son elementos esenciales para mejorar la calidad de la atención y el bienestar tanto de los/as pacientes como de todos los/as funcionarios/as que forman parte de la institución e incluso en estudiantes en práctica de las diferentes áreas.

¿A qué me refiero cuando hablo de compasión? Es a un concepto que va un paso más allá de la empatía. Se trata de percibir y sentir el sufrimiento de otro, y luego realizar una acción que lo alivie, reduzca o elimine. Esto es muy diferente a simplemente sentir pena o lástima por alguien que se encuentra vulnerable.

Durante mi experiencia laboral en un centro de salud en Chile, me enfrenté a un sistema de salud debilitado en el que la burocracia y las metas administrativas a menudo eclipsaban la atención y el cuidado genuino que requerían los/as pacientes. Esta realidad resultaba desalentadora, pues observaba cómo los/as usuarios/as no avanzaban y parecían estar atrapados en un ciclo de atención impersonal.

Por otra parte, el desgaste físico y emocional experimentado por los equipos de salud, exacerbado en ocasiones por un liderazgo deficiente, turnos extenuantes y una serie de otros factores, pueden dar lugar a problemas graves como el trauma vicario, el estrés, burnout y ansiedad.

Esta situación no solo afecta a los profesionales, sino que también crea una atmósfera explosiva en todo el sistema de salud.

Profesionales agotados, pacientes crónicos y polimedicados, sistemas colapsados, falta de especialistas, inequidad en el acceso y una larga lista de desafíos adicionales, como el acoso laboral y la violencia, también se han hecho presente en varias instituciones.

Si bien hay aspectos que escapan del control personal, existen otros, no menos importantes, en los que podemos incidir de gran manera y de forma positiva.

En lugar de centrarnos únicamente en los problemas del sistema de salud, debemos orientar nuestros esfuerzos hacia soluciones transformadoras.

Es fundamental reconocer la importancia de la compasión en la atención del equipo médico. Cada paciente es una persona con necesidades físicas, emocionales y espirituales. Abrazar la compasión como principio rector y colocar a los pacientes en el centro de todo es crucial.

La implementación de programas de mindfulness y reducción del estrés para el personal de salud es una estrategia clave. Estos permiten desarrollar la compasión a nivel individual, grupal y organizacional, y deberían ser prescritos como la primera "receta".

Estas prácticas no solo ayudan a manejar el estrés y el agotamiento, sino que también mejoran la conexión con los/as usuarios, posibilitando una atención más completa y personalizada.

Asimismo, promueven la colaboración estrecha entre líderes/as y colegas para mejorar el sistema desde adentro.

Un liderazgo más compasivo, centrado en el **bienestar** de los/as pacientes y del personal, resulta crucial para crear un entorno laboral donde la empatía, la colaboración y el apoyo mutuo sean los pilares fundamentales que sustenten la **relación** profesional-paciente.

Cuando ofrecemos un trato más atento y compasivo, generamos un vínculo saludable que incita una respuesta más positiva por parte de los/as usuarios/as. Esto, a su vez, contribuye a crear un ambiente más cálido y acogedor, mientras que motiva al personal en su labor. La práctica de mindfulness no solo transforma nuestras vidas individuales, sino que también impacta en todo el sistema de salud, siempre y cuando exista la intención de cambio.

En definitiva, al adoptar un enfoque centrado en la compasión y mindfulness en los sistemas de salud, estamos dando un paso fundamental hacia una atención más humana y auténtica, la cual no puede ser subestimada.

Recordemos que la práctica de mindfulness surgió en el contexto de la salud y cuenta con un gran respaldo científico. Es necesario que líderes/as y equipos se unan en este esfuerzo, centrando su atención en el bienestar de todos/as los/as involucrados/as. Al recordar nuestra humanidad compartida, podemos marcar una diferencia real.

En la actualidad, numerosos estudios respaldan los beneficios de esta práctica en todos los niveles de los sistemas de salud. Tales como:

- ✓ Mayor empatía y compasión.
- ✓ Mayor bienestar personal.
- ✓ Actitudes centradas en el/la paciente.
- ✓ Mayor satisfacción del usuario/a y su familia.
- ✓ Mejor alianza terapéutica.
- ✓ Mejores habilidades de comunicación.
- ✓ Reducción del sesgo implícito.
- ✓ Gestión del estrés y reducción del burnout.
- ✓ Toma de decisiones más acertada y reducción de errores.
- ✓ Reducción del funcionamiento automático.
- ✓ Disminución del juicio.
- ✓ Cultura institucional más significativa.
- ✓ Apreciación por la humanidad compartida.
- ✓ Mayor trabajo colaborativo.
- ✓ Mayor resiliencia.

La simplicidad de la práctica de mindfulness la hace accesible para todos. Como menciona Jon Kabat-Zinn: *"La esencia de la atención plena es algo absolutamente universal que tiene más que ver con la naturaleza de la mente humana que con ideologías, creencias o cultura alguna, y está más relacionada con la capacidad de conocer que con una religión, filosofía o punto de vista concreto"*. Sólo tienes que practicar y los beneficios llegarán más temprano que tarde. Por supuesto, también puedes profundizar en la teoría y filosofía detrás de esta forma de SER, pero comenzar con lo básico, como prestar atención consciente a la respiración, puede ser igualmente efectivo.

Transformando la Atención en Salud.

En la travesía de la atención médica, cada paciente navega por un océano de emociones: desde la incertidumbre en la sala de espera hasta la esperanza cuando les toca el turno de ser atendidos. Sin embargo, en muchos centros de salud, esta se ve empañada por la ansiedad, la impotencia y la falta de conexión humana.

¿Qué pasaría si pudiéramos transformar esta experiencia, infundiendo cada interacción con un sentido renovado de calma, compasión y empatía?

La implementación de mindfulness y **compasión** en los centros de salud no solo es una posibilidad, sino una necesidad urgente en nuestro viaje hacia una atención médica más humana y significativa.

La experiencia de ingresar a un centro de salud ya sea un hospital bullicioso, o un tranquilo centro de atención primaria, posta rural, puede ser una montaña rusa emocional. Los tiempos de espera a menudo son extensos y las razones detrás de este desafío son variadas: falta de personal, infraestructura insuficiente y la abrumadora afluencia de pacientes con afecciones tanto leves como graves. En este caos, la ansiedad del usuario/a se eleva, tejiendo una red de emociones que oscilan entre el miedo, la impotencia y la rabia.

En este contexto, surge la pregunta crucial: ¿Cómo podemos mitigar esta ansiedad y restaurar un sentido de calma y empatía en los centros de salud? La respuesta, aunque aparentemente simple, radica en la implementación de prácticas de mindfulness y compasión.

Imagina esta escena: Una persona acude a un centro de salud buscando ayuda por unos síntomas que le inquietan. Al llegar, es recibida con amabilidad y una sonrisa por parte del personal, quienes le proporcionan material informativo sobre una técnica de mindfulness llamada respiración consciente para practicar mientras espera su consulta. Además, se le informa que puede pedir apoyo si tiene alguna pregunta sobre cómo realizarla correctamente.

Este simple gesto encarna el poder de la compasión en la atención médica. No se trata solo de tratar enfermedades, sino de cultivar una conexión humana genuina que trasciende las barreras del tiempo y el espacio.

Cuando reconocemos y validamos las emociones del/la paciente, creamos un ambiente de apoyo y **entendimiento** mutuo que promueve el bienestar tanto físico como emocional, transformando la cultura de los centros de salud para priorizar la compasión y el cuidado integral.

Al desarrollar una forma de ser más compasiva, el personal sentirá un mayor sentido de propósito en su quehacer diario. Esto se debe a que tomará conciencia del impacto de sus acciones en la vida de otras personas y de cómo los pequeños detalles pueden marcar una gran diferencia. A su vez, les permitirá desarrollar la satisfacción por compasión y mejorar su gestión emocional.

Hay innumerables formas en que podemos promover la compasión dentro de este ámbito. Desde la implementación de programas de capacitación en mindfulness dirigidos al personal, hasta la creación de espacios de **calma** para los/as usuarios/as y los equipos de trabajo.

Nos enfrentamos a una elección clara: continuar con el statu quo, o embarcarnos en un viaje hacia una atención médica más humana y compasiva. La decisión está en nuestras manos, y es el momento de actuar.

Juntos, podemos transformar la atención médica y cultivar un mundo donde cada individuo sea visto, escuchado y cuidado con compasión, respeto y dignidad.

Una técnica específica de mindfulness para desarrollar la compasión es la **Meditación Metta**. Esta técnica se centra en cultivar sentimientos de amabilidad hacia uno/a mismo/a y hacia los demás. Aquí tienes el paso a paso de cómo practicarla:

1. Encuentra un lugar tranquilo y cómodo donde puedas sentarte en silencio durante unos minutos.

2. Adopta una postura cómoda, ya sea sentado/a en una silla con la espalda recta pero relajada, o en el suelo con las piernas cruzadas. Puedes apoyar las manos sobre las piernas o en tu regazo.

3. Cierra suavemente los ojos o mantén una mirada hacia abajo, sin fijar la vista en ningún punto en particular.

4. Toma unas cuantas respiraciones profundas para relajarte y centrarte en el momento presente.

5. Dirige tu atención a las sensaciones que la respiración provoca en tu cuerpo. Observa cómo el aire entra y sale de tus pulmones, sin tratar de controlarla de ninguna manera.

6. Comienza enfocándote en ti mismo/a. Repite mentalmente frases de compasión como: "Que yo esté libre de sufrimiento", "Que yo esté seguro/a y sano/a", "Que yo esté lleno/a de amor y bondad".

7. Mientras repites estas frases, visualiza una luz cálida y brillante que emana de tu corazón y te envuelve por completo, llenándote de amor, bondad y compasión. Siente cómo esta luz te reconforta y te da paz.

8. Después de dedicar unos minutos a ti mismo/a, dirige tu atención hacia los demás.

9. Visualiza a un ser querido, amigo cercano o un miembro de tu familia. Repite las mismas frases de compasión para esa persona: "Que esté libre de sufrimiento", "Que yo esté seguro/a y sano/a", "Que esté lleno/a de amor y bondad".

10. Visualiza esa misma luz cálida y brillante que emana de tu corazón y se extiende hacia esa persona, envolviéndola con amor y compasión. Imagina cómo esa luz les brinda consuelo y les llena de amor y bondad.

11. Continúa extendiendo este sentimiento de compasión hacia otros seres queridos, hacia personas neutrales y, finalmente, hacia personas con las que puedas tener dificultades o conflictos.

12. Repite las mismas frases de compasión para cada persona, visualizando cómo la luz de tu corazón se expande cada vez más, abarcando a todos los seres, sin excepción, con amor y compasión.

13. Después de completar la meditación, tómate un momento para observar cómo te sientes. Observa cualquier cambio en tu estado de ánimo, nivel de estrés o sensación de conexión con los demás.

14. Agradécete por dedicar este tiempo para cultivar sentimientos de compasión hacia ti mismo/a y los demás.

La meditación de la compasión es una práctica que puede ayudarte a desarrollar y fortalecer una **cualidad natural**, propia del ser humano ¡Pruébala!

MINDFULNESS:

INSTITUCIONES EDUCATIVAS

El buen trato deja una huella para toda la vida...

En la actualidad, la violencia se ha infiltrado en algunos pasillos de las instituciones educativas, espacio creado para el aprendizaje, formación de personas y/o cooperar en su proceso de humanización, se ha ido transformando en un campo de tensiones emocionales.

Estudiantes y apoderados/as discuten con profesores hasta agredirse; estos, con sus directivos e incluso, existe competencia entre pares al punto de generar conflictos en donde tienen que mediar terceros.

Asimismo, la sobrecarga laboral, estudiantes sobreexigidos/as e hiperconectados/as, y un sinfín de etcétera, está generando desgaste, fatiga, estrés, ansiedad, depresión y contribuyendo a la aparición de otros trastornos de salud mental que están afectando a todos los actores involucrados del sistema educativo.

Los años de pandemia han dejado su huella en el regreso a la "normalidad". Los equipos educativos se ven exigidos/as a cumplir metas; además, las familias han retomado sus trabajos de manera presencial y con ello su nivel de estrés ha vuelto.

Drásticamente nos adaptamos a la nueva sociedad dejada por el COVID-19, en donde variables estructurales del sistema de vida que tenemos hacen estragos y mantienen, de cierta manera, todas estas problemáticas.

Existen desafíos importantes que abordar, como: la salud mental, integrar a las familias haciéndolas partícipes del proceso educativo en los establecimientos, así como atender de manera consciente las necesidades y requerimientos de los/as estudiantes, docentes, asistentes de la educación, entre otros.

¿Cómo podemos prevenir y/o mejorar la convivencia escolar?

Una herramienta que tiene el potencial de transformar radicalmente la experiencia educativa es la práctica de **mindfulness, enseñanza base de la educación emocional.**

A continuación, señalo un ejemplo donde explico la importancia de integrar la práctica de la atención plena y el desarrollo de sus actitudes, para mejorar las relaciones y **convivencia** escolar:

Piensa en un estudiante de enseñanza básica catalogado por la mayoría de sus profesores y personal educativo como un niño problemático, desobediente, obstinado y rebelde. Esta percepción se debe a sus comportamientos violentos, como dar portazos y responder de manera grosera y desafiante cuando se le llama la atención. Sin embargo, no han notado que su conducta cambia positivamente cuando interactúa con niños más pequeños o que él percibe como vulnerables.

Un día llega una nueva profesora entrenada en mindfulness, quien, al observar la conducta del estudiante, en lugar de repetir las palabras que había escuchado de algunos colegas, lo llama por su nombre. Luego se acerca a él y con un tono de voz suave le pregunta: "¿Cómo te sientes? ¿Qué ha causado tu reacción?", dándose el tiempo para conocerlo y enseñarle nuevas formas de gestionar sus emociones displacenteras.

Además, destaca la conducta protectora que el niño muestra con sus compañeros más pequeños y su capacidad de superación. Estas palabras sorprenden gratamente al estudiante, quien poco a poco comienza a tener un cambio positivo en su comportamiento.

Con esta historia, quiero recalcar la importancia de ser conscientes de que nuestras palabras y trato dejan huellas, estas pueden herir o curar. Igualmente, es muy necesario **disminuir los juicios**, dejar de buscar culpables y centrar todas nuestras acciones en las soluciones. Es lo que realmente importa. En este contexto de desafíos y adversidades, surge una oportunidad única para convertir nuestras instituciones educativas en espacios de compasión y entendimiento mutuo.

Mindfulness nos permite adoptar una perspectiva compasiva y dejar de lado los juicios precipitados, abriéndonos a nuevas formas de abordar las conductas disruptivas y los diferentes tipos de conflictos que pueden generarse dentro del ámbito académico. Así lograremos soluciones innovadoras que beneficien a todos los involucrados. El camino hacia una educación más consciente y **amable** es posible. ¿Estamos dispuestos a intentarlo?

La práctica de la atención plena se ha convertido en un faro de esperanza en medio de la agitación de la vida moderna. Su esencia radica en aceptarnos a nosotros mismos y a los demás.

¿Por qué es tan crucial en nuestra era post pandemia? Porque nos brinda las herramientas necesarias para navegar los cambios vertiginosos con calma y resiliencia.

Imagina un sistema educativo donde, desde la infancia, se nos enseñen técnicas para desarrollar una comprensión más profunda de nosotros mismos y de los demás, las cuales nos permitan identificar, aceptar, validar y gestionar nuestras emociones. Donde aprendamos a aceptar nuestras fortalezas y debilidades, y a abrazar la impermanencia como parte natural de la vida. En esta visión del futuro, la educación no se limita a la transmisión de conocimientos académicos; también cultiva la inteligencia emocional y la adaptabilidad, habilidades fundamentales para prosperar en un mundo en constante cambio.

Mindfulness no solo nos ayuda a gestionar el estrés y la ansiedad, sino que también nos empodera para abrazar la vida con serenidad y gratitud. De igual forma, nos invita a redefinir nuestra relación con el mundo y con nosotros mismos. Nos recuerda que somos seres en constante evolución, capaces de encontrar significado y propósito en cada experiencia. Con esta visión del futuro, podemos mirar hacia adelante con esperanza y confianza en el poder transformador del aquí y ahora en la educación.

Integrando mindfulness en las instituciones educativas

A continuación, presento sugerencias prácticas sobre cómo implementar mindfulness en el entorno escolar, resaltando sus beneficios y animándote a tomar medidas para hacerlo realidad.

I.   Formación en mindfulness para todo el equipo educativo

Para cultivar un ambiente escolar de bienestar y calma. Los/as docentes, administradores y asistentes de la educación pueden recibir formación tanto teórica como práctica en atención plena. Esto no solo les proporcionará herramientas para manejar el estrés y mejorar su calidad de vida, también ayudará en su rendimiento profesional y fomentará una cultura de bienestar en toda la institución educativa.

Ejemplo: Se pueden ofrecer talleres regulares de mindfulness para el equipo educativo. Estos pueden incluir: Respiración consciente, scan corporal, entre otros.

Beneficios:

- ✓ Para los/as profesores/as: Reducción del estrés, mejora de la concentración y la empatía, aumento del bienestar general.

- ✓ Para los/as estudiantes: Modelado de comportamientos saludables, ambiente escolar más positivo y acogedor.

- ✓ Para la institución educativa: Mayor cohesión del equipo, menor rotación del personal, mejora del clima escolar.

II. Incorporación de mindfulness en el aula

Integrar prácticas de mindfulness en la rutina diaria puede tener un impacto significativo en el **bienestar** de los/as estudiantes y su rendimiento académico. Establecer momentos específicos para esta práctica ayuda a desarrollar habilidades relacionadas a la **inteligencia emocional**.

Ejemplo: Al comienzo o al final de cada clase, dedicar unos minutos a una breve sesión de mindfulness. Estas pueden incluir momentos de silencio y reflexión, entre otros.

Beneficios:

- ✓ Para los/as profesores/as: Creación de un ambiente de aprendizaje más tranquilo y receptivo, mayor eficacia en la enseñanza.

✓ Para los/as estudiantes: Mejora la concentración, reducción de la ansiedad, desarrollo de habilidades para la autorregulación emocional.

✓ Para la institución educativa: Mejora del rendimiento académico, reducción de los comportamientos disruptivos en el aula.

III.   Prácticas de mindfulness en el recreo.

Los momentos de recreo y las transiciones entre actividades son oportunidades ideales para integrar mindfulness de forma práctica y **sencilla**. Establecer rutinas de atención plena durante estos momentos ayuda a los/as estudiantes a desconectar, recargar energías y volver a clases con mayor **claridad mental.**

Ejemplo: Designar un área específica en el patio o gimnasio del establecimiento donde los/as estudiantes puedan participar en actividades de mindfulness, como caminar conscientemente, practicar yoga suave y observar el entorno.

Beneficios:

✓ Para los/as profesores/as: Menor agitación de los/as estudiantes en el aula después del recreo, mayor eficacia en la gestión del comportamiento.

✓ Para los/as estudiantes: Reducción del estrés, mejora del bienestar emocional, fortalecimiento de la resiliencia.

✓ Para la institución educativa: Fomento de un clima escolar más positivo, promoción del bienestar integral de los/as estudiantes.

IV. Programas de liderazgo consciente para directivos

Los líderes/as escolares desempeñan un papel crucial en la promoción de una cultura de mindfulness en la institución educativa.

Formarse en programas de liderazgo consciente les brinda la oportunidad de experimentar los beneficios de mindfulness en primera persona y promueve las habilidades necesarias para liderar con compasión, **foco** y claridad.

Ejemplo: Implementar un programa de mindfulness para directivos que incluya prácticas de **autorreflexión,** técnicas adaptadas al aula, gestión consciente del tiempo, entre otros.

Beneficios:

- ✓ Para los/as directivos/as: Mejora del bienestar personal, aumento de la capacidad de liderazgo, creación de un entorno escolar más positivo y centrado en el bienestar.

- ✓ Para los/as profesores/as y el personal: Mayor apoyo y orientación por parte de la dirección, sensación de pertenencia y compromiso con la visión de la institución educativa.

- ✓ Para la comunidad escolar: Fortalecimiento de la cultura escolar, mayor coherencia entre la visión y las prácticas de liderazgo.

Cabe hacer presente que los programas mencionados pueden ser adaptados para padres, tutores/as en reuniones de apoderados u otras actividades escolares. Ahora es el momento de actuar.

Invito a todos los miembros de la comunidad educativa a adoptar mindfulness para promover y desarrollar una cultura del bienestar en educación.

MINDFULNESS: TRÁNSITO

En medio del bullicio y la prisa de nuestras vidas urbanas, las calles se han convertido en verdaderas arenas de estrés y tensiones. Los bocinazos, discusiones acaloradas y las situaciones de peligro son moneda corriente en el tráfico, donde la impaciencia y la falta de empatía parecen dominar.

¿Cómo podemos cambiar este escenario caótico por uno de **calma y reflexión?**

La práctica de estar presentes en el aquí y ahora, puede ser una posible alternativa para transformar el tumulto del tráfico en un entorno más tranquilo y seguro.

Al cultivar la atención plena en nuestras acciones al volante e interacciones con los demás usuarios/as de la vía, podemos abrir paso a una conducción más consciente y **respetuosa.** En este tema, exploraremos cómo mindfulness puede ser la clave para promover la calma en medio del tráfico urbano y mejorar **la convivencia** para todos.

Observando el Caos:

En ocasiones las calles rebosan de tensión y conflictos. Desde groserías, garabatos, hasta peleas, muchas personas parecen estar enfrascadas en una lucha constante por llegar primero.

Esta dinámica egoísta y competitiva nos ha llevado a olvidar la importancia de la paciencia y la empatía en las calles.

Despertar a la Conciencia:

Es hora de detenernos, sentir y observar. Al reconocer el impacto de nuestras acciones en los demás, podemos cultivar una actitud más consciente y **compasiva** en el tráfico.

Hacia una Transformación:

Las instituciones tienen un papel fundamental en esta posibilidad de cambio. Desde las autoridades locales hasta las empresas de transportes, todos pueden contribuir a promover la práctica de la **atención plena** en las calles.

Te dejo algunas ideas que pueden ser de utilidad:

Las autoridades pueden comenzar a implementar programas de entrenamiento en mindfulness para los/as conductores/as al renovar sus licencias de conducir, con el fin de reducir el estrés y fomentar la consciencia plena en las calles. De igual manera, es importante incorporar señaléticas preventivas e informativas que promuevan la amabilidad entre conductores, peatones y ciclistas, recordándonos que compartimos las calles y merecemos respeto.

En el caso del transporte público, este puede integrar prácticas de mindfulness a los/as conductores/as y en los viajes de larga duración ofrecer a los pasajeros/as herramientas para gestionar el estrés y mejorar su bienestar.

Respecto a las empresas de transporte interurbano, brindar sesiones de mindfulness durante los viajes en tren y autobús, permitirá a los pasajeros/as aprender técnicas para calmar la mente y reducir la tensión, entregando una experiencia más amable y placentera.

Adoptar mindfulness en el tránsito no es solo un ideal utópico, sino una necesidad apremiante en nuestras sociedades urbanas cada vez más congestionadas y estresantes. Es una obligación moral si queremos construir un futuro donde el bienestar de todos sea **prioridad.**

Al cultivar la conciencia plena en cada conductor/a, peatón y ciclista, podemos sembrar las semillas de una nueva mentalidad en las calles, una basada en el respeto mutuo, la empatía y la consideración por los demás. Donde cada interacción en la carretera esté impregnada de calma y compasión, los/as conductores/as, peatones y ciclistas estén conscientes de que su acción afecta a toda una comunidad de personas que merecen ser tratadas con **dignidad y cuidado.**

Por tanto, insto a todas las instituciones, desde las autoridades locales hasta las empresas de transportes, a tomar medidas concretas para integrar mindfulness en nuestras calles, promoviendo una cultura en el tráfico más humana.

Claves para una conducción consciente:

¿Alguna vez te has preguntado cómo pequeños cambios en tu manera de conducir podrían mejorar no solo tu seguridad sino también tu bienestar emocional y el de quienes te rodean? En una sociedad que se mueve a gran velocidad, las calles se convierten a menudo en un escenario de estrés y confrontación. Sin embargo, cada uno/a de nosotros/as tiene un papel vital en la transformación hacia una convivencia más armoniosa.

A continuación, presento algunas sugerencias que no solo enriquecerán tu experiencia al volante, sino que también promoverán un entorno más seguro y compasivo:

Antes de Conducir: Preparación Mental y Emocional

➢ Respira y Acomoda tu Posición: Antes de arrancar, toma un momento para realizar algunas respiraciones profundas. Ajusta tu asiento y espejos, y concéntrate en el presente. Imagina tu mente como un cielo despejado, donde cada pensamiento es una nube pasajera. Este simple acto puede ayudarte a despejar el "cielo" de tu mente, preparándote para un viaje más consciente y tranquilo.

➢ Consciencia de tus Emociones: Identifica tu estado emocional antes de subir al vehículo. Si te sientes enfadado/a, estresado/a o triste, reconoce que estas emociones pueden influir en cómo reaccionas al volante y tus interacciones con las demás personas. Permítete un momento para calmar estas emociones, recordando que el camino requiere de tu atención plena y **paciencia.**

Durante el Viaje: Mindfulness en Acción

➢ Maneja con atención plena, sin presencia de aparatos tecnológicos que te distraigan, todo tiene su tiempo, ahora es estar pendiente del volante.

➢ Maneja con responsabilidad, si vas a beber alcohol entrega las llaves u opta porque otra persona te traslade, tu vida y la de los demás depende de tus decisiones.

➢ Respeta las señales de tránsito.

➢ Respiraciones conscientes en detenciones: Utiliza las paradas en semáforos o congestiones de tráfico como oportunidades para centrarte en el aquí y ahora. Aprovecha estos momentos para observar tu respiración, relajar los músculos y volver a enfocarte en el presente. Esto puede transformar la experiencia del viaje, convirtiendo la frustración en consciencia plena.

➢ Visualización del recorrido: Si conoces el recorrido que vas a realizar, antes de iniciar el viaje, visualiza mentalmente tu ruta. Esto te preparará y te ayudará a mantenerte atento/a y calmado/a.

➢ Respuesta amable y uso consciente de la bocina: actúa con amabilidad y paciencia, independientemente de las circunstancias. Recuerda: el uso de la bocina debe ser solo cuando sea estrictamente necesario. Tu paciencia y comprensión pueden ser contagiosas, contribuyendo a un ambiente más tranquilo en las vías.

Reflexiones Post-Viaje: Gratitud y Autocompasión

➢ Agradece: Una vez que llegues a tu destino, toma un momento para agradecer por el viaje seguro. Este simple acto refuerza una mentalidad positiva hacia la experiencia de conducir.

➢ Practica la autocompasión: Si durante el viaje experimentaste momentos de frustración o ira, sé amable contigo mismo/a. Reconoce que estás en un proceso de aprendizaje y crecimiento. Respira profundamente y, si es necesario, ofrece disculpas (a ti mismo/a o a otros) por cualquier reacción impulsiva. Este enfoque nutre la paciencia y la empatía, tanto hacia ti mismo/a como hacia los demás conductores y peatones.

Recuerda estas 2 claves **"Lo siento y gracias".** Estas palabras simples, pero de gran valor pueden transformar nuestras interacciones en el tránsito y más allá.

Hacia un futuro de mayor consciencia en las calles

Este es tu momento para liderar el cambio, adoptando un enfoque consciente y compasivo. Cada decisión cuenta.

Al incorporar estas prácticas en tu rutina diaria, no solo mejorarás tu propia seguridad y bienestar, sino que también contribuirás a una cultura más respetuosa y pacífica. Imagina el impacto que podríamos generar si cada uno/a de nosotros/as asume esta responsabilidad con dedicación y amor. ¿Estás listo/a para hacer de cada viaje una práctica mindfulness?

Recuerda que, al transformar nuestra manera de conducir, no solo nos beneficiamos individualmente, sino que también sembramos semillas de paciencia, empatía y comprensión que pueden florecer en todos los aspectos de nuestra sociedad. Cada uno/a de nosotros/as tiene un papel crucial en este cambio. Tanto al conducir como al caminar, todos juntos haremos de nuestras calles y carreteras lugares más seguros y armoniosos.

MINDFULNESS: DESARROLLO

No hagas a los demás lo que no te gustaría que te hicieran a ti.

La RAE define desarrollo como; Progreso, avance, mejora, perfección, adelanto. No obstante, ¿Qué sucede con las comunidades que habitan en algunos lugares y su definición de desarrollo era distinta?

Este término me recuerda a la película Avatar (2009), donde la búsqueda y extracción de un mineral amenazaba el bienestar de una comunidad, sin considerar el impacto que esto tenía para los/as habitantes del lugar.

Si bien es necesario avanzar como sociedad, antes de tomar decisiones es imprescindible evaluar las consecuencias humanas y medioambientales detrás del ¨desarrollo¨ en lugar de imponer formas de vida a cosmovisiones diferentes. La imposición de este puede percibirse como una forma de colonización y explotación por parte de las culturas dominantes.

Es fundamental reflexionar sobre la supuesta superioridad de ciertos estilos de vida. Históricamente, aquellos con más recursos han impuesto sus reglas sobre los menos privilegiados. Aunque hemos evolucionado, seguimos enfrentando esta dinámica, que en mi opinión es arcaica.

Por otro lado, las comunidades menos favorecidas a menudo ven con desconfianza las iniciativas de progreso. Esta se debe a experiencias previas de explotación y abuso por parte de grupos más poderosos.

Es fundamental considerar las diversas perspectivas en este debate. **Escuchar y comprender** las preocupaciones de todas las partes involucradas es esencial para encontrar soluciones **equitativas** y **sostenibles.**

El desarrollo es un fenómeno complejo que moldea nuestras ciudades y comunidades, plantea desafíos diversos y profundos.

¿Es acaso difícil involucrar a todos en este proceso?

La respuesta es sí, pero no insuperable. Al tomar conciencia de la riqueza cultural y la diversidad de las personas y comunidades involucradas, comenzamos a comprender la **interconexión** entre nuestras acciones y el entorno urbano que compartimos. Esta conciencia es el primer paso hacia un crecimiento más sostenible.

En Chile, una nación con una historia de crecimiento a menudo desigual, los desafíos son evidentes. El desarrollo "a la chilena", como se la llama coloquialmente, sugiere un enfoque impulsivo y poco sostenible que sacrifica la calidad a largo plazo por la gratificación inmediata.

Son varios los líderes comunitarios que resaltan la importancia de involucrar a las comunidades en la planificación y ejecución de proyectos de desarrollo para garantizar su éxito y sostenibilidad a largo plazo.

La participación de los ciudadanos en la toma de decisiones y la implementación de soluciones adaptadas a las necesidades locales son fundamentales para construir ciudades inclusivas y equitativas.

Un ejemplo histórico es el impacto del desarrollo traído desde Europa durante la colonización. Esta imposición de un modelo de progreso occidentalizado a menudo ignoró las prácticas y conocimientos de los pueblos indígenas sobre el manejo sostenible de los recursos naturales y la **coexistencia armoniosa** con el entorno. Como resultado, muchas comunidades indígenas fueron desplazadas y sus formas de vida tradicionales fueron marginadas.

Para abordar estos desafíos, es necesario adoptar un enfoque más consciente y reflexivo hacia el desarrollo, el cual permita satisfacer las necesidades actuales sin comprometer la capacidad de las futuras generaciones.

La práctica de mindfulness puede desempeñar un papel importante al fomentar la atención plena y la comprensión de las interconexiones entre los seres humanos y su entorno.

Al incorporar mindfulness en los procesos de planificación y desarrollo, podemos cultivar una mayor **sensibilidad** hacia las necesidades y preocupaciones de todas las partes interesadas y promover el bienestar de las personas, teniendo en cuenta los aspectos económicos, sociales, ambientales y no menos importante, sus emociones.

La **mente de principiante** caracterizada por una actitud abierta y receptiva hacia nuevas ideas y perspectivas puede ser especialmente útil en este contexto. Al dejar de lado los prejuicios y las suposiciones arraigadas, nos permite explorar soluciones innovadoras que reflejen la diversidad y la complejidad de nuestras comunidades, respetando los derechos de todas las personas.

En conclusión, si queremos seguir avanzando como sociedad, es importante desarrollar una perspectiva integral que priorice la participación ciudadana, el **respeto** a la diversidad cultural y la sostenibilidad ambiental, así podemos crear ciudades más equitativas, inclusivas y habitables para todos.

La integración de mindfulness en los procesos de planificación y desarrollo nos permite cultivar una mayor sensibilidad hacia las necesidades y preocupaciones de las comunidades, promoviendo un enfoque más humano y centrado en el bienestar colectivo, que respete la cultura del lugar.

En última instancia, el progreso compasivo no solo transforma el entorno físico, sino también las relaciones sociales y la calidad de vida de las personas que habitan las ciudades.

A continuación, comparto algunas ideas para incorporar mindfulness y promover el desarrollo consciente:

❖ Sesiones de mindfulness en equipo: Organizar sesiones regulares de mindfulness para los responsables de desarrollar un proyecto de urbanización, donde juntos puedan practicar meditación guiada, ejercicios de respiración y otras técnicas de atención plena. Estas sesiones se pueden realizar antes o después del trabajo, o incluso durante reuniones específicas destinadas a la práctica de la atención plena. Permitiéndoles tomar decisiones de manera más reflexiva y estar presentes en las interacciones con colegas, e incluso con la comunidad.

❖ Retiros de mindfulness: Organizar retiros o jornadas de mindfulness fuera del entorno habitual de trabajo, donde los responsables de urbanizar puedan desconectar del estrés diario y sumergirse en prácticas más profundas de atención plena. Estos retiros pueden incluir meditaciones más largas, ejercicios de yoga y actividades en la naturaleza.

❖ Formación en mindfulness: Ofrecer programas de formación en mindfulness diseñados específicamente para los responsables de tomar decisiones respecto al desarrollo, donde puedan aprender técnicas prácticas para integrar la atención plena en su trabajo diario. Estos programas pueden ser adaptados a las necesidades y desafíos específicos de lo que se quiere lograr.

❖ Integración en políticas y planificación urbana: Incorporar principios de mindfulness y sostenibilidad en las políticas y planes de desarrollo urbano. Esto podría incluir la creación de espacios verdes y áreas de recreación, el fomento de la movilidad sostenible y el diseño de entornos urbanos que promuevan el bienestar físico y emocional de los/as residentes.

Al fomentar la práctica de mindfulness entre los responsables de planificar y tomar decisiones, se puede promover una mayor **conciencia** sobre el impacto de sus proyectos en el entorno urbano y la comunidad en general. Esto puede conducir a un desarrollo más consciente y sostenible que tenga en cuenta no solo las necesidades presentes, sino también de las futuras generaciones y los recursos naturales.

MINDFULNESS:

PARTICIPACIÓN SOCIAL

Sentirse parte es fundamental…

La participación social es un concepto que resuena en todas las esferas de la sociedad, pero ¿Cuántos realmente lo llevan a la acción?

Este tema, que ha sido el foco de mi atención durante varios años, me ha llevado a sumergirme en el desarrollo comunitario, la interacción con stakeholders y la promoción de la corresponsabilidad en planes y programas.

Más allá de las definiciones técnicas y los enfoques académicos, me interesa explorar el corazón de la participación: El **sentimiento de ser parte** de algo, en donde nuestras voces son escuchadas y nuestras acciones tienen un impacto real. En este contexto, surge la pregunta: ¿Cómo podemos cultivar una participación genuina que trascienda las meras palabras y se convierta en una fuerza transformadora en nuestras comunidades y sociedades?

Son varios los autores que responden a las preguntas ¿Qué es participar? y ¿Cómo tiene que desarrollarse un proceso participativo? Cada uno con su sello personal. Por ello, no quise tomar una definición en particular, sino más bien hablar de lo blando, el sentir que nuestra opinión y accionar es tomado en cuenta de manera real para los fines que es consultada, esto sustenta el nivel o grado de participación de una persona, grupo, comunidad o sociedad en general. Esa emoción razonada en cuanto a una situación que creemos somos parte y nos deben incluir, ya que percibimos que nos afectará o bien podemos aportar ideas significativas a su solución.

En los últimos años en Chile hemos vivido un proceso de ¨participación¨, todo relacionado con el cambio de constitución. Básicamente, se realizaron dos intentos para poder reescribirla. Hoy todo sigue igual, se mantiene el texto de la antigua constitución. ¿Qué pudo haber ocurrido? ¿Por qué en dos ocasiones no logramos consenso para aprobar un cambio que la gran mayoría quería?

Este ejemplo ilustra claramente los desafíos y las limitaciones de la participación social en la toma de decisiones políticas. A pesar de los esfuerzos por **involucrar** a la ciudadanía en el proceso, la falta de consenso y la complejidad de los temas en discusión dificultaron la elaboración de una nueva constitución.

En un primer intento, se formó por votación popular, un grupo de redacción constitucional y se crearon diversas instancias de participación social, tanto en línea como presenciales. A pesar de esto, la propuesta resultante fue rechazada en un referéndum, lo que llevó a un nuevo intento.

En esta segunda oportunidad, se estableció un comité de expertos para revisar y mejorar aspectos específicos de la propuesta original. Sin embargo, esta segunda versión también fue rechazada en otro referéndum, lo que dejó al país en una situación de estancamiento constitucional.

Este ejemplo destaca la importancia de abordar las brechas educativas y de accesibilidad que pueden excluir a ciertos sectores de la sociedad de cualquier proceso de participación. A pesar de querer garantizar la accesibilidad plena y la entrega de información de calidad, aún existen desafíos para lograr una participación inclusiva y significativa para todos/as los/as ciudadanos/as.

En resumen, el proceso de cambio constitucional en Chile ejemplifica los desafíos y las oportunidades de la participación social en la toma de decisiones políticas. Aunque el proceso no ha logrado alcanzar un **consenso**, ha generado un debate público importante sobre los valores y principios que deben guiar la sociedad chilena en el futuro.

Hace unos años trabajé en un programa premiado a nivel mundial como una de las mejores prácticas para el desarrollo de distintos sectores. Es en esta experiencia en la cual comencé a darme cuenta de que la palabra participación se encontraba en la boca de todos/as, pero no en sus acciones, es decir, en reuniones, asambleas, diálogos ciudadanos se levantaban necesidades, problemáticas sociales y dolores comunitarios, incluso posibles soluciones desde las bases, las personas.

¿Qué ocurría con gran parte de esa información?

La información recopilada a través de las distintas instancias mencionadas quedaba mayormente guardada. Esto se debía a que varios de los proyectos que se iban a llevar a cabo en el territorio estaban diseñados de antemano, sin considerar su viabilidad en términos de composición, historia del sector, y las ideas y preocupaciones de los/as habitantes.

Llegué a pensar que lo único que hacíamos ahí, era crear maquetas donde las personas no participaban realmente, sino más bien, eran el agregado que acompañaba esta instalación de diferentes ideas creadas en base a prototipos útiles, pero ajenas al sentir y/o dolor de las personas que vivían en el territorio.

Cuando hablamos de participación, todas las partes **aprenden**, desde el/la profesional, las personas que se verán beneficiadas, las instituciones públicas y privadas que rodean al sector, hasta los territorios aledaños. Para que este proceso de aprendizaje ocurra, debemos desarrollar en nosotros/as, la capacidad de ser conscientes, siendo clave la práctica de mindfulness y desarrollo de sus actitudes, principalmente, en este caso, la **mente de principiante** de la cual ya he hablado y el **no juzgar.**

Al comenzar con un proceso de participación social, es importante que el/la profesional primero reconozca cuáles son las ideas preconcebidas que tiene sobre las personas, grupo, comunidad y/o empresa en la que inicia la intervención participativa. A fin de evitar que los prejuicios influyan en las acciones que realizará.

Asimismo, es fundamental que desarrolle una mente de principiante, comprendiendo que no siempre tiene la razón y que tampoco es necesario contar con todas las respuestas, sino más bien es fundamental saber escuchar otras ideas y abrirse al constante aprendizaje, teniendo una actitud activa y reflexiva sobre su quehacer.

Respecto a los beneficiarios es importante que desarrollen actitudes mindfulness, como la **confianza y la aceptación.** La confianza en sí mismos, dado que son quienes experimentan y viven esas necesidades y problemas. Por ende, comprenden que, si bien el/la profesional cuenta con las herramientas técnicas para ayudar, son ellos mismos quienes conocen los posibles caminos para solucionar o satisfacer sus necesidades, dejando de ver al/la profesional como el único experto que debe resolver su situación. En conjunto, nos ayudamos mutuamente.

En un mismo sentido, es importante que todos desarrollen otra actitud de mindfulness, la paciencia, respetando los tiempos que la persona, grupo, comunidad y/o empresa necesita para ir transformándose y alcanzar sus objetivos. A fin de **visualizar** otros caminos para construir un futuro hacia dónde dirigirse.

Volviendo al ejemplo inicial del cambio de la constitución, los convencionales, expertos/as, lados políticos retractores/as y disidentes, con un poco de práctica de mindfulness se hubieran acercado a una mente de principiante, abriéndose a las posibilidades sin enjuiciar al supuesto adversario, partido político distinto, pensamiento diferente, etc. Su mirada hubiera sido hacia el objetivo común y natural: Mejorar la vida de las personas que habían puesto sus **esperanzas** en ellos/as.

La práctica de mindfulness es una herramienta simple, útil y sobre todo necesaria si queremos que los programas, proyectos, estrategias y tácticas que promueven la participación funcionen y sean sostenibles en el tiempo. Más aún, si queremos que las personas logren sentirse partícipes y **comprometidos** para contribuir con la posible solución a la necesidad y/o problema que les aqueja.

En resumen, la participación social es crucial para el desarrollo de comunidades fuertes y resilientes. Sin embargo, la mera presencia de este concepto en nuestras conversaciones no es suficiente. Necesitamos pasar de las palabras a la acción, cultivando una participación genuina que trascienda los límites de la retórica y se convierta en una fuerza transformadora en nuestras sociedades.

Al adoptar una actitud de principiante, liberándonos de prejuicios y practicando la aceptación y la paciencia, podemos crear espacios donde la participación auténtica florezca.

Este enfoque no solo beneficia a los/as profesionales y las instituciones involucradas, sino también a las personas y comunidades que se ven directamente afectadas por las políticas, programas y proyectos.

Al reflexionar sobre la importancia de mindfulness en la participación social, podemos ver cómo esta práctica puede mejorar la calidad y la **autenticidad** de la participación comunitaria.

Recordemos que el cambio real comienza con cada uno/a de nosotros/as, y al cultivar una actitud de apertura y receptividad, podemos contribuir significativamente a la construcción de un mundo más **inclusivo** y participativo.

A continuación, sugiero algunas técnicas de mindfulness que pueden ser implementadas en procesos de participación social:

> ➤ Práctica de escucha consciente: Durante las reuniones o sesiones de participación social, promueve la práctica de la escucha consciente. Esto implica prestar atención plena a lo que cada persona está diciendo, sin juzgar ni interrumpir. Los/as participantes pueden practicar la escucha consciente centrándose en el tono y velocidad de la voz de la persona que habla, en su lenguaje corporal, en las emociones que expresan y el ritmo de su respiración.

➢ Meditación de atención plena antes de las reuniones: Antes de comenzar una reunión o sesión de participación social, guía a los/as asistentes a una breve meditación de atención plena. Esto puede incluir ejercicios como el body scan para ayudarlos/as a centrarse y estar presentes en el momento, equilibrando sus emociones y disminuyendo su divagación mental, llevando el foco de atención hacia el objetivo de la reunión.

➢ Práctica de la respiración consciente: Durante las discusiones o debates, invita a los/as participantes a practicar la respiración consciente para gestionar el estrés y las emociones intensas. Pueden tomarse unos minutos para cerrar los ojos, respirar profundamente y enfocarse en la sensación de la respiración entrando y saliendo por las fosas nasales.

➢ Ejercicios de visualización compasiva: Cultiva la empatía y la comprensión entre los/as participantes. Puedes guiarlos/as en visualizaciones que les permitan imaginarse a sí mismos/as en la situación de otras personas involucradas en el proceso, ayudándoles/as a comprender mejor sus perspectivas y necesidades.

➢ Práctica de la gratitud: Al finalizar cada sesión de participación social, invita a los/as participantes a reflexionar sobre algo por lo que están agradecidos/as en relación con el proceso. Luego compartan sus pensamientos en voz alta o escríbanlos en un cuaderno de gratitud. Esta práctica fomenta la apreciación y el reconocimiento de las contribuciones de los/as demás.

➢ Mindful walking o caminatas conscientes: Durante este ejercicio, los/as participantes pueden practicar la atención plena al caminar, centrándose en las sensaciones de sus pies tocando el suelo, en la respiración, sonidos y vistas del entorno que los rodea, lo que contribuirá en el desarrollo de la creatividad.

➢ Diálogo reflexivo: Al finalizar cada sesión, dedica un tiempo para un diálogo reflexivo donde los/as participantes compartan sus experiencias, pensamientos y emociones de manera abierta y respetuosa. Este espacio permite una mayor comprensión mutua y fortalece los lazos.

Estas técnicas de mindfulness pueden ser integradas de manera efectiva en los procesos de participación social para promover una comunicación más efectiva, una mayor comprensión entre los/as participantes y un ambiente de colaboración y respeto.

MINDFULNESS: SEGURIDAD

El foco de tu atención alimenta tus miedos o tus esperanzas.

Hace unos días, temprano en la mañana, prendí el computador para comenzar a trabajar y de la nada apareció una noticia relacionada con un violento asalto a mano armada, que fue como un golpe en la cara, de esos que te dejan medio aturdido/a por un largo tiempo. De hecho, fueron varias horas las que comenté con mi familia sobre lo ocurrido, ellos también exponían que en las noticias de canales nacionales e internacionales aparecían asaltos, robos, asesinatos, etc. Además, en las redes sociales mostraban tragedias similares con una leyenda que dice más o menos así ¨contenido sensible, presione si desea continuar bajo su responsabilidad¨.

Frente a eso, nuestra reflexión fue la siguiente; Es necesario aprender a filtrar la información que estamos observando a fin de cuidar nuestra salud mental. Si bien hay que estar informados/as de los acontecimientos nacionales e internacionales que están ocurriendo, la **sobreabundancia** de datos ha generado un fenómeno conocido como la era de la **desinformación**, resulta cada vez más difícil distinguir qué es verdad y qué es mentira, por ello es muy importante verificar la veracidad del contenido, limitar el tiempo que dedicamos a ver noticias y/o evitar la sobreexposición a contenidos negativos, a fin de prevenir un posible secuestro amigdalino.

¿A qué me refiero con el secuestro amigdalino?

Este concepto fue acuñado por el psicólogo Daniel Goleman en su libro **"Inteligencia Emocional"**, el cual se refiere a la activación desproporcionada de la amígdala, una estructura cerebral que se activa ante situaciones que percibimos como peligrosas, que puede desencadenar **respuestas** emocionales intensas, como miedo, ansiedad o agresión, tomando el control de nuestra mente e impidiéndonos pensar con claridad.

Cabe hacer presente que esta estructura cerebral no está en contra de nosotros, sino al contrario, ha sido de gran ayuda desde tiempos prehistóricos, cuando nuestra supervivencia dependía de la capacidad para detectar y responder rápidamente a posibles peligros. No obstante, si esta estructura se mantiene activa debido a la exposición constante de noticias de alto impacto, puede contribuir a lo que conocemos como secuestro amigdalino, y como resultado desencadenar ansiedad crónica y/o gatillar reacciones emocionales desproporcionadas ante situaciones cotidianas, pudiendo dificultar nuestra capacidad para razonar y tomar decisiones de forma **razonada.**

Por lo anterior, si queremos mantener un equilibrio en nuestra salud mental y emocional, es fundamental integrar mindfulness, toda vez que se ha comprobado que esta práctica tiene un impacto a nivel cerebral reduciendo de tamaño esta estructura, lo cual te permite aprender a responder en lugar de reaccionar ante un evento real o imaginario.

Lo ocurrido en pandemia, serán años difíciles de olvidar, en los inicios nos daban información relacionada al Covid-19 fácilmente unas 6 veces al día por los distintos medios de comunicación, noticias que hablaban de muertes, contagios, acompañadas de imágenes impactantes sobre lo que ocurría en Chile y alrededor del mundo debido al virus.

A raíz de lo expuesto, durante estos dos años me enfoqué en el deporte, prácticas de atención plena y cuidado de mis seres queridos con los que compartía en el hogar. Sin embargo, fui testigo de cómo las noticias que diariamente los distintos medios de comunicación entregaban, afectaron la vida de algunos cercanos. Era impactante ver cómo la expresión facial se iba volviendo cada vez más apática, triste y tensa, demostrando emociones como el miedo, enojo, frustración, entre otras del mismo espectro emocional.

El diálogo en su mayoría consistía en quejas, repeticiones de lo que decían las noticias y proyecciones de un futuro desesperanzador, entre otras cosas. Siento que, sin el deporte, el Yoga y Mindfulness, habría mantenido esa dinámica, permitiendo que la ansiedad, el estrés y la depresión se apoderaran de mí y de todo el grupo familiar en su totalidad.

Si queremos mantener en equilibrio nuestra salud mental, es fundamental aprender a aceptar lo que está ocurriendo, y adoptar estrategias que nos ayuden a aminorar el impacto emocional que ello conlleva. ¿Cómo? Redirigiendo nuestra atención a estímulos más placenteros y saludables que de una u otra manera nos causen bienestar y que también forman parte de nuestra realidad. Para esto la práctica de mindfulness tiene mucho que aportar, ya que, la base de su entrenamiento es este proceso cognitivo llamado atención, la cual nos permite gestionar de mejor manera nuestras emociones.

Son varias las técnicas que te pueden ayudar, una de ellas, es integrar mindfulness en la **percepción de seguridad**, denominada el **"anclaje"**. Es una práctica que consiste en asociar una sensación física o mental con un estado emocional deseado.

A continuación, te explico cómo puedes hacerlo:

1) Encuentra un ancla: Elige una sensación física o mental que te haga sentir seguro/a y en calma. Puede ser la sensación de tus pies tocando el suelo, tu respiración, una imagen mental de un lugar, o cualquier otra cosa que te genere esa sensación de seguridad.

2) Conéctate con el ancla: Una vez que hayas identificado tu ancla, tómate un momento para concentrarte en ella. Si es una sensación física, como tu respiración o la sensación de tus pies en el suelo, dirige tu atención hacia esa sensación y conecta con el momento presente.

3) Cultiva la sensación de seguridad: Mientras te conectas con tu ancla, permite que esa sensación de seguridad y calma se expanda dentro de ti. Si es útil, puedes repetir una afirmación positiva relacionada con la seguridad en tu mente, como "Estoy seguro/a y protegido/a en este momento".

4) Practica regularmente: Dedica unos minutos cada día para practicar esta técnica del anclaje. Puedes hacerlo durante la meditación, mientras caminas o en cualquier momento en el que desees sentirte más seguro/a.

5) Reforzamiento: A medida que practiques esta técnica sistemáticamente, fortalecerás la asociación entre tu ancla y la sensación de seguridad. Con el tiempo, podrás recurrir a ella en momentos de estrés o ansiedad para recordarte a ti mismo/a que estás seguro/a y protegido/a.

Esta técnica del anclaje puede ser especialmente útil cuando te enfrentas a situaciones que despiertan sentimientos de inseguridad o ansiedad. Recuerda que la clave está en practicarla regularmente para fortalecer esta asociación.

Otra técnica, es la llamada visualización de un lugar seguro, estos son sus pasos:

1) Preparación: Encuentra un lugar tranquilo y cómodo donde puedas sentarte o recostarte sin ser interrumpido/a durante unos minutos. Apaga cualquier distracción, como el teléfono o la televisión, y asegúrate de estar en una posición relajada y cómoda.

2) Relajación inicial: Tómate unos momentos para relajar tu cuerpo y mente. Puedes comenzar con algunas respiraciones profundas y lentas para calmar tu sistema nervioso y relajar los músculos. Con cada inhalación, imagina que inhalas calma y tranquilidad, y con cada exhalación, imagina que sueltas cualquier tensión o preocupación.

3) Imaginación activa: Comienza a visualizar un lugar seguro en tu mente. Puede ser real o imaginario, donde te hayas sentido seguro/a, como una playa tranquila o una cabaña en el bosque. Imagina los detalles del lugar: Los colores, sonidos, aromas y sensaciones físicas que este te provoca.

4) Explora el lugar seguro: Una vez que hayas creado la imagen en tu mente, comienza a explorarlo. Camina por el lugar, observa tu entorno y presta atención a cómo te hace sentir. Puedes imaginar que tocas los objetos a tu

alrededor, sientes la textura del suelo bajo tus pies y escuchas los sonidos tranquilizadores del entorno.

5) Siente la seguridad y la calma: Conéctate con la sensación de seguridad y calma que te brinda este lugar. permitiéndote sentirte completamente seguro/a y protegido/a mientras estás allí. Si es útil, puedes repetir una afirmación positiva relacionada con la seguridad en tu mente, como "Estoy seguro/a y protegido/a en este lugar".

6) Permanece el tiempo necesario: Puedes quedarte el tiempo que desees, permitiéndote sumergirte completamente en la experiencia de sentirte seguro/a y en paz.

7) Regreso gradual: Cuando estés listo/a para salir de tu lugar seguro, hazlo de manera gradual y suave, realiza dos o 3 inhalaciones profundas, siente como se mueve tu pecho, abdomen y vientre, mientras te alejas de la imagen, mueve tu cuerpo y abre los ojos suevamente. Tómate un momento para agradecer la sensación de seguridad que experimentaste durante la visualización y lleva contigo esa sensación de calma a tu entorno cotidiano.

Recuerda, la visualización de un lugar seguro es una técnica personal y adaptable, así que siéntete libre de modificarla según tus preferencias y necesidades individuales.

MINDFULNESS: MEDIO AMBIENTE

Con voluntad, aún podemos hacer algo aquí…

El cambio climático no es sólo una amenaza distante en el horizonte, es una realidad innegable que ya está transformando nuestro mundo de maneras alarmantes. Desde olas de calor récord hasta desastres naturales cada vez más frecuentes, los signos son evidentes: el clima está cambiando y nos **afecta a todos.**

Es hora de dejar de ignorar esta crisis y tomar medidas concretas para proteger nuestro planeta y garantizar un futuro sostenible para las generaciones venideras. En este contexto, **mindfulness** es un **regalo** para cultivar la conciencia y la acción en la lucha contra el cambio climático.

¿Estás listo/a para aceptar el desafío?

Las instituciones públicas y privadas se apoyan en la ciencia para alertar sobre el calentamiento global, causado en gran medida por las actividades humanas. La quema de combustibles fósiles, la deforestación y otras actividades han aumentado las concentraciones de gases de efecto invernadero en la atmósfera, lo que contribuye al cambio climático. Esta crisis requiere una acción urgente y colectiva para mitigar sus impactos.

Aunque no soy un experto en medio ambiente, creo firmemente que podemos marcar la diferencia si tomamos conciencia de la gravedad de la situación y nos comprometemos a **actuar en consecuencia.**

La tecnología actual nos ofrece distintas alternativas para comprender mejor el cambio climático y sus impactos. Los satélites y otros dispositivos de observación nos permiten monitorear los cambios en la tierra, el mar y la atmósfera con precisión sin precedentes. Además, los modelos informáticos avanzados nos ayudan a predecir cómo podría evolucionar el clima en el futuro, dándonos la posibilidad de tomar decisiones informadas sobre cómo mitigar sus efectos.

Mindfulness, aunque tiene una base individual, su efecto también puede ser colectivo al desarrollar la empatía y la comprensión hacia uno mismo y hacia el mundo que nos rodea.

A medida que avanzas con tu entrenamiento de la atención plena, irás camino al autoconocimiento, tomando conciencia de hábitos que pueden estar afectando el cuidado en el medio ambiente y en tu vida. Recuerda que cada práctica es una oportunidad para cambiar la ruta que estabas acostumbrado/a a recorrer por años, desarrollando la compasión hacia los demás seres vivientes que comparten nuestro planeta.

Aquí me gusta recalcar que la consciencia plena no es magia, sino que se requiere **dedicación, intención y tiempo**.

En conclusión, mindfulness es una herramienta esencial para tomar conciencia de nuestros hábitos y comportamientos, permitiéndonos comprender mejor nuestra conexión con el medio ambiente. Al practicar la atención plena, no solo cultivamos una mayor conciencia de nosotros mismos, sino que también desarrollamos una profunda comprensión de cómo nuestras acciones individuales impactan en el mundo que nos rodea.

Este enfoque nos hace reflexionar sobre la interconexión entre nuestras decisiones diarias y la salud del planeta, inspirándonos a tomar medidas concretas para cuidar mejor del medio ambiente.

Por lo tanto, te invito a considerar cómo puedes incorporar mindfulness en tu vida diaria para contribuir **al cuidado del medio ambiente**. Desde pequeñas acciones, como reducir nuestro consumo de plástico, hasta cambios más significativos, como optar por formas más sostenibles de transporte, cada elección consciente puede marcar la diferencia. Recordemos que todos nuestros pasos, por pequeños que sean, nos acercan hacia un futuro más sostenible y equilibrado.

Comparto unas formas de mindfulness que pueden ayudar a generar conciencia y conexión con el medio ambiente:

➢ Prácticas de gratitud hacia la naturaleza: Expresa tu aprecio por los elementos naturales que te rodean. Puedes hacerlo de forma diaria o en el momento que lo desees, reflexiona sobre los beneficios que entrega cada uno de ellos como la luz del sol, el aire fresco, el agua limpia y los paisajes hermosos.

➢ Mindfulness en la alimentación: Practica el mindfulness al comer alimentos que provienen de la naturaleza, como frutas, verduras, granos enteros y productos frescos. Tómate un tiempo para observar los colores, sentir las texturas, percibir sabores y aromas de los alimentos antes de comerlos, agradece por tenerlos y a las personas que contribuyeron en su producción. Esta práctica te ayudará a desarrollar una mayor conciencia sobre la interconexión entre la comida que consumes, el medio ambiente del que proviene, y de todo lo creado.

➢ Práctica de limpieza consciente: Al realizar actividades de limpieza al aire libre, como recoger basura en la playa o en un parque, hazlo con atención plena. Reconoce que esa basura afecta al entorno natural y siéntete agradecido/a por contribuir a su limpieza y preservación

➢ Jardinería mindfulness: Si quieres, dedica tiempo a practicar la jardinería con atención plena. Observando cómo plantas las semillas, cuidas de ellas mientras crecen y florecen. Conéctate con el ciclo natural de la vida y aprecia la belleza de la naturaleza.

➢ Desconexión digital en la naturaleza: Dedica tiempo en la naturaleza sin distracciones. Apaga tu teléfono móvil y sumérgete completamente en el entorno. Observa lo que te sucede al estar inmerso/a en ese espacio.

➢ Educación ambiental consciente: Dedica tiempo a educarte sobre temas ambientales y prácticas sostenibles con una actitud de atención plena y apertura. Lee libros, mira documentales, asiste a charlas o participa en actividades comunitarias relacionadas con la conservación y protección del medio ambiente. Cultiva una mayor comprensión de los desafíos ambientales que enfrenta nuestro planeta y cómo puedes contribuir a su solución de manera consciente y proactiva.

Estas son solo algunas ideas para integrar mindfulness en tu relación con el medio ambiente. Recuerda que la clave está en practicar la atención plena y la **gratitud hacia la naturaleza** de forma regular, lo que te ayudará a desarrollar una mayor conciencia ambiental y a contribuir positivamente a la protección y preservación del medio ambiente.

MINDFULNESS: PATRIMONIO

Valora y Cuida en vida…

En nuestra sociedad, el patrimonio se clasifica principalmente en dos tipos: material e inmaterial. El primero, básicamente comprende objetos físicos y lugares que tenemos la responsabilidad de proteger y preservar, como edificios históricos, monumentos y otros. En contraste, el segundo, incluye prácticas, representaciones, expresiones, conocimientos y habilidades que las comunidades reconocen como parte de su herencia cultural, tales como festividades, música y tradiciones orales.

Si bien existe una clara distinción, este apartado busca explorar y valorar algo que a menudo se pasa por alto: el **patrimonio humano**, este que guarda relación con el portador del conocimiento, tradiciones y/o habilidades, es decir las personas que encarnan, enriquecen y transmiten elementos del patrimonio material e inmaterial a futuras generaciones.

Mi interés, es promover una mayor apreciación y cuidado de las personas detrás del patrimonio, puesto que sin ellas no existiría lo demás (exceptuando la naturaleza). Al adoptar esta perspectiva, podemos comenzar a equilibrar la balanza, asegurando que el **respeto y el aprecio** por el patrimonio humano estén en paridad con el material e inmaterial.

Piensa en las generaciones mayores de nuestras familias ¿Han sido recompensadas por su contribución a la sociedad al convertirse en adultos mayores? Invito a reflexionar sobre cómo podemos mejorar el cuidado de aquellos que han dedicado su existencia a preservar nuestras ricas tradiciones culturales y han llegado al ocaso de sus vidas. Consideremos sus necesidades y evitemos relegarlos a un segundo plano, frente a otras formas de patrimonio como los grandes monumentos construidos u objetos antiguos, que se benefician de inversiones significativas para su conservación.

Es indispensable reevaluar nuestras prioridades y asegurarnos de que aquellos que han preservado nuestro patrimonio cultural reciban el apoyo y reconocimiento que merecen. Debemos garantizar que terminen sus días con **respeto y dignidad**, asegurando su bienestar y la protección de sus derechos.

Es muy importante que enseñemos con el ejemplo a **apreciar** la experiencia, sabiduría y contribución de los/as **adultos/as mayores a la sociedad,** valorando el legado cultural y emocional que representan. Recuerda, esta es una etapa normal en la vida: hoy por ellos y mañana por ti.

A continuación, comparto algunas técnicas de mindfulness que pueden ayudar para llevar a la práctica lo señalado anteriormente:

a) Talleres de mindfulness para funcionarios/as públicos y autoridades, centrados en la sensibilización sobre el valor del patrimonio vivo y la contribución de los adultos mayores. Esto fomentaría una conexión emocional y una comprensión más profunda del tema.

b) Practica la presencia y el reconocimiento activo: Dedica tiempo para estar realmente presente, ya sea en conversaciones cotidianas, al compartir una comida o durante visitas. Expresa verbal y gestualmente tu aprecio por su presencia y su impacto en tu vida.

c) Encuentros Intergeneracionales de Mindfulness: Crea espacios de encuentro y aprendizaje mutuo entre generaciones, destacando el valor de las personas, y especialmente de los adultos mayores como portadores de sabiduría. Estos encuentros facilitan el reconocimiento mutuo y el respeto, promoviendo la transmisión de conocimientos y el fortalecimiento de lazos comunitarios.

Mediante la adopción de estas técnicas y estrategias, junto al compromiso colaborativo de diversas partes interesadas, incluyendo organizaciones de la sociedad civil, instituciones académicas y la propia comunidad, podemos construir un futuro donde el bienestar de los/as portadores/as del patrimonio material e inmaterial sea una prioridad, fortaleciendo así nuestra **identidad** y cohesión social.

Este breve análisis sobre el patrimonio y la atención plena es un llamado a actuar de manera más consciente y considerada, valorando no solo las contribuciones tangibles al patrimonio cultural, sino también a aquellos cuyas vidas han sido dedicadas a enriquecer nuestra **herencia** colectiva.

CLAVES PARA CONSTRUIR SOCIEDADES CONSCIENTES

Vuelve a conectar contigo, con los demás y con el presente.

La primera clave es **detenernos y observar** hacia dónde vamos y qué estamos dejando como legado en esta vida. Debemos cultivar la curiosidad preguntándonos sobre lo que está sucediendo en el mundo: ¿nos agrada, nos disgusta o no nos interesa? ¿Cuál es nuestra opinión al respecto? Debes tener en cuenta que, independientemente de tu respuesta, lo que ocurre de una forma u otra nos afecta a todos.

La segunda clave es **reconocer** que estamos llevando un ritmo de vida muy acelerado, en muchos casos corriendo por alcanzar ciertos estándares de éxito señalados por la sociedad, priorizando la adquisición de bienes materiales sobre el propio bienestar, lo que está generando un aumento de estrés crónico y el surgimiento de enfermedades físicas y mentales.

De igual forma, nuestro actual estilo de vida está dejando serias repercusiones en el medio ambiente que habitamos. El ser humano se ha desconectado de la naturaleza tratándola como un recurso ilimitado en lugar de valorar adecuadamente su importancia para nuestra supervivencia. Como resultado, estamos destruyendo los ecosistemas, agotando los recursos naturales, acelerando cambios climáticos e incluso poniendo en peligro nuestra propia existencia.

La tercera clave es **aceptar** que nos hemos equivocado, ya que, buscando aparentemente mejores formas de vivir, se nos ha olvidado vivir. Los afanes del día a día nos han quitado la oportunidad de valorar el presente y aprovechar el tiempo con nuestros seres queridos. Existe un desconocimiento de nuestro propio estado emocional, además de una desconexión entre lo que pensamos, decimos y hacemos. Aceptar esto, nos ayudará a vivir de una manera más auténtica y coherente.

La cuarta y última clave es **actuar** de manera responsable si realmente anhelamos tener bienestar y una mejor calidad de vida, tanto individual como colectiva. Es el momento de dejar de lado las excusas y comenzar a implementar estrategias que nos permitan mejorar. Nuestras decisiones no solo tienen un impacto inmediato, sino también en un futuro.

En este sentido, aunque todos podemos contribuir a un mundo más consciente y compasivo, los líderes y lideresas en todos los niveles, desde el ámbito familiar hasta el empresarial y gubernamental, desempeñan un papel crucial. Su influencia y ejemplo pueden inspirar cambios significativos en todos los aspectos de la vida humana. Es vital promover la práctica de mindfulness, y crear espacios donde esta pueda ser cultivada, ya que nos da la posibilidad de conectar con nuestros pensamientos, creencias, prejuicios, y reflexionar sobre nuestro actuar. Al mismo tiempo, nos permite ser conscientes de nuestro entorno y de quienes nos rodean, desarrollando la compasión y practicando el agradecimiento al reconocer y valorar lo que tenemos.

Si queremos paz afuera, debemos empezar a trabajar en nuestro interior.

CONCLUSIÓN

Es crucial reconocer y apreciar los avances alcanzados en diversos ámbitos por las generaciones que nos antecedieron. Esto implica destacar sus logros, contribuciones, esfuerzos y las luchas que han enfrentado. Sin embargo, debemos ser conscientes de que vivimos en un mundo en constante cambio y que todavía nos enfrentamos a desafíos y problemas que requieren nuestra atención y acción continua, especialmente en lo que respecta a la salud mental y el cuidado del ser humano de manera integral, además de su interacción con el entorno.

En este contexto, mindfulness emerge como un valioso aporte, que nos invita a enfocarnos en el presente y a colaborar en la construcción de sociedades más conscientes y compasivas. Reconocer la importancia del autocuidado, el cuidado de los demás y del entorno en el que vivimos es esencial para generar un impacto positivo en la vida de todas las personas.

Es fundamental que cada uno/a de nosotros/a promueva la práctica de la atención plena, no solo como un beneficio personal, sino también como un llamado a trascender lo individual e impulsar cambios sostenibles en todas las áreas de nuestra vida.

Recordemos que todos tenemos un papel que desempeñar en la transformación hacia un mundo más armónico y humano para las futuras generaciones. Trabajar juntos para abordar estos desafíos y promover sociedades más conscientes, compasivas e inclusivas es fundamental.

El momento de actuar es ahora; el lugar es aquí, justo donde estás. No esperes más.

ACERCA DEL AUTOR

Alejandro, nacido el 4 de diciembre de 1985 en la ciudad de Chillán, es un Trabajador Social de profesión, especializado en bienestar personal y organizacional. Con más de 17 años de experiencia en prácticas contemplativas, se destaca como formador de instructores de Yoga y Mindfulness.

Su conocimiento y trayectoria le han permitido aplicar mindfulness en diversos ámbitos, desde el desarrollo comunitario hasta planes de responsabilidad social empresarial, liderazgo, trabajo en equipo, buen trato, inteligencia emocional, autocuidado, salud mental, entre otros.

Si deseas conocer más sobre él, te invitamos a visitar su página web en www.centrodibi.com o contactarlo vía correo electrónico en alejandro.torres@centrodibi.com.